마음공부와 수행으로
그리는 禪·茶 그림 원묵화!

법문과 함께하는
圓畵 명상
만남을 통하여

행복이 가득한
낙원 생활을
이루시기 바라며

소중한 분께
이 책을 드립니다.

저자 **福陀圓 金元道** 두 손 모음

작가 소개

원불교 교무·선묵화가
복타원 김원도

福陀圓 金元道
Boktawon Kim won do

전북 정읍시 칠보면 시산리 출생
원광대학교 원불교학과
담원 김창배 문학예술학박사 사사

o 근무지
대구교당 간사
부산교당 부교무
원광효도마을(중앙수도원) 주사
대구원광한의원 교무
삼정원 교무
원광종합사회복지관 관장
금산교당 주임교무 및 금산원광어린이집 원장
신태인교당 주임교무 및 신태인원광어린이집 원장

주소 : 대한민국 전북특별자치도 익산시 평동로27길 14(원불교 동산수도원)
전화 : 010-3689-6718
이메일 : wdo718@hanmail.net

프로필

〈회원전·단체전·초대전〉

- 1987.06.12.~18. 　　대구효정서예 회원전 참여
- 2015.12.17.~25. 　　원불교원로교무법어서예초대전 참여
- 2016.01.20.~26. 　　제4회 담원 묵연전 참여(한국미술관)
- 2016.11.24.~29. 　　원불교원로교무초대전(일원갤러리)
- 2017.11.13.~19. 　　한국미술협회전 참가(예술의전당 한가람미술관)
- 2018.01.23.~02.13.   무술년 어서오시개전 출품(솜리골 작은미술관)
- 2018.02.09. 　　　　평창 동계올림픽 성공기원 세계미술축전
- 2019.02.19.~23. 　　담원김창배 명가명문전(제주에 핀 선화그림전)
- 2019.08.03. 　　　　대한민국아카데미미술협회 초대전
- 2020.12.30.~01.05. 2021서울비엔날레 초대전
- 2021.07.01.~08.31.   문화가 펼쳐지는 익산문화관광재단 전시참여
- 2022.03.18.~04.10. 2022익산미술상생전(익산예술의전당)
- 2022.11.20. 　　　　2022한국현대미술 튀르키예 초대전 참가
- 2023.02.08.~14. 　　담원 명가명문전 참가(한국미술관)
- 2023.05.03.~09. 　　서울국제비엔날레 참가
- 2023.05. 　　　　　제54회 익산미술협회 회원전 참가
- 2023.11.11.~17. 　　원불교 서예협회전 참가
- 2024.06.07.~13. 　　제44회 (사)한국미술협회 전북특별자치도지회 회원전
- 2024.08.07.~13. 　　2024통일미술대축전 참가

〈개인전〉

- 2016.04.10.~16. 　　익산 일원갤러리(45점)
- 2018.01.10.~16. 　　담원 명가명문 달력전(12점)
- 2018.04.10.~15. 　　익산솜리예술회관(64점)
- 2018.05.01.~30. 　　익산문화재단 솜리골 작은미술관(20점)

- 2021.01.06.~23.   한국미술관 초대 달력전(14점)
- 2022.05.19.~25.   선·다그림 원묵화 선화명상전 익산예술의전당(112점)
- 2022.06.01.~11.   선화명상전 일원갤러리(56점)
- 2022.06.01.~30.   선화명상전 소태산기념관 갤러리(25점)
- 2023.11.07.~13.   원화명상전 베트남 하노이교당 갤러리(35점)
- 2024.04.24.~30.   2024 세계아트미술전시전 – 한국미술관(10점)
- 2024.06.21.~27.   한반도 평화미술 대축전 초대작가전시(6점)
- 2024.09.06.~12.   원화명상전 ①익산 일원갤러리(75점) ②소태산기념관 갤러리(25점)

〈수상 및 경력〉

- 2014.09.18.   제3회 원불교 원묵회서예대전 특선
- 2014.10.11.   제8회 대한민국 마한서예문인화대전 입선
- 2015.05.09   제13회 갑오동학대전 특선
- 2015.06.03.   제47회 전라북도미술대전 특선
- 2015.06.03.   제2회 한국의 부채전 탄연상
- 2015.08.03.   제13회 대한민국 아카데미미술대전 삼체상
- 2015.09.16.   제4회 원불교원묵회서예대전 특선
- 2015.10.03.   제9회 대한민국 마한서예문인화대전 삼체상
- 2015.11.30.   제14회 대한민국 기로미술대전 삼체상
- 2015.12.02.   제34회 대한민국 미술대전(전통미술) 입선
- 2015.12.30.   제31회 통일맞이 대한민국전통미술대전 입선
- 2016.07.13.   제48회 전라북도미술대전 입선
- 2016.07.30.   제14회 대한민국 아카데미미술대전 삼체상
- 2016.08.07.   제12회 평화예술제 입선
- 2016.10.27.   제5회 원불교 원묵회서예대전 장려상
- 2016.12.19.   제35회 대한민국 미술대전(전통미술) 입선
- 2017.01.09.   제32회 대한민국 전통미술대전 특선
- 2017.05.04.   제15회 대한민국 서예문인화대전 특선
- 2017.05.19.   제23회 대한민국 한지예술대전 입선

- 2017.07.16.　　　　제13회 평화예술제 입선
- 2017.08.26.　　　　제4회 한국서예신문공모대전 삼체상
- 2017.10.21.　　　　2017 세계서예전북비엔날레기념공모전 입선
- 2017.10.21.　　　　제11회 대한민국 마한서예문인화대전 입선
- 2017.11.02.　　　　제36회 대한민국 미술대전(전통미술) 특선
- 2017.11.04.　　　　제6회 원불교 원묵회서예대전 특선
- 2017.11.22.　　　　제15회 대한민국아카데미미술대전 선묵화 대상
- 2018.05.02.　　　　제16회 대한민국서예문인화대전 삼체상
- 2018.07.15.　　　　제14회 (사)평화미술제 특별상
- 2018.08.15.　　　　제5회 한국서예신문대전 특선
- 2018.10.13.　　　　제12회 대한민국 마한서예문인화대전 삼체상
- 2018.11.03.　　　　제7회 원불교 원묵회서예대전 특선
- 2018.12.01.　　　　대한민국 아카데미미술협회 표창장
- 2018.12.15.　　　　제13회 대한민국 운곡서예문인화대전 삼체상
- 2019.01.14.　　　　제34회 대한민국 전통미술대전 삼체상
- 2019.06.26.　　　　제17회 대한민국 서예문인화대전 삼체상
- 2019.11.02.　　　　제8회 원불교 원묵회서예대전 특선
- 2019.11.09.　　　　제14회 대한민국 운곡서예문인화대전 삼체상
- 2019.11.09.　　　　제38회 대한민국 미술대전(전통미술) 특선
- 2020.05.13.　　　　제4회 국제 한얼문인화예술대전 선묵화대상
- 2020.09.18.　　　　제39회 대한민국 미술대전(전통미술) 특선
- 2020.10.　　　　　 제14회 대한민국 마한서예문인화대전 특선
- 2020.11.14.　　　　제15회 대한민국 운곡서예문인화대전 삼체상
- 2023.05.03.　　　　대한민국 서화명인대상 선정
- 2023.11.12.　　　　하노이교당 봉불기념 특별초대전 감사장
- 2024.04.24.　　　　2024 서울인사동 월드 아트페어 선정작가 인증서
- 2024.06.21.　　　　제5회 한반도 평화미술 대축전 특별초대전 대회공로상

〈초대작가 및 회원〉

- 2016.11.20.   대한민국 아카데미미술협회 추천작가
- 2018.03.18.   대한민국 아카데미미술협회 초대작가
- 2019.06.26.   대한민국 서예문인화대전 초대작가
- 2020.10.30.   원불교 서예대전 초대작가
- 2021.02.26.   대한민국 운곡 서예문인화 대전 초대작가
- 2021.06.29.   (사)대한민국 미술대전(전통미술) 초대작가
- 2021.09.28.   예술활동증명확인서
- 2021.10.23.   대한민국 마한서예문인화대전 초대작가
- 2022.04.28.   법문과 함께하는 선·다 그림 원묵화 『선화명상』 책 발간
- 2022.09.15.   대한민국미술협회(전통미술) 심사위원 역임
- 2024.06.21.   한반도 평화미술 특별초대전 초대작가 인증서
- 2024.08.21.   법문과 함께하는 선·다 그림 원묵화 『원화명상』 책 발간

- 담원 묵연회 회원
- 원불교서예협회 회원
- 대한민국미술협회 회원
- 익산미술협회 회원
- 전북미술협회 회원
- 대한민국 서예문인화 원로총연합회 정회원

Won Painting Meditation
법문과 함께 하는 禪·茶 그림 원묵화

원화명상

원기109년(2024) 8월 10일 초판 1쇄 인쇄
원기109년(2024) 8월 21일 초판 1쇄 발행

저자	복타원 김원도
	대한민국 전북특별자치도 익산시 평동로27길 14 원불교 동산수도원
	H.P : 010-3689-6718
	E-mail : wdo718@hanmail.net
펴낸이	주영삼
펴낸곳	원불교출판사
출판등록	1980년 4월 25일(제1980-000001호)
주소	54536 전북특별자치도 익산시 익산대로 501
전화	063)854-0784
팩스	063)852-0784
홈페이지	www.wonbook.co.kr
인쇄	문덕인쇄

ISBN 978-89-8076-421-1(03640)
값 35,000원

＊ 잘못 만들어진 책은 구입처에서 교환해 드립니다.
＊ 이 책의 내용 및 그림을 무단으로 복사 또는 복제할 경우 저작권의 제재를 받습니다.
＊ 저자와 합의하여 인지를 붙이지 않습니다.

Won Painting Meditation
法門법문과 함께 하는
선·다禪·茶 그림 원묵화

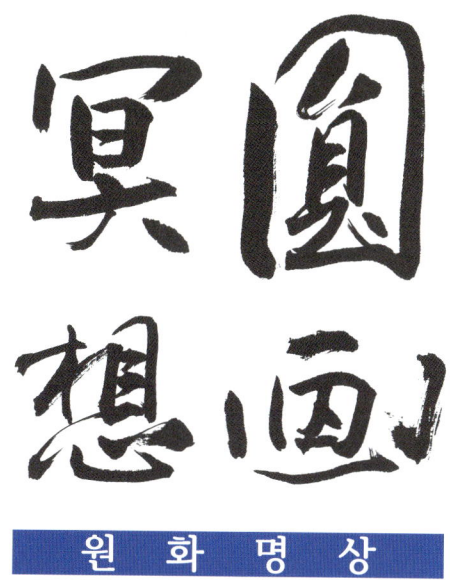

원 화 명 상

복타원 김원도 교무 著

책을 펴내며

대산 종사 말씀하시기를 "**일원 문화는** 새로운 문명 세계를 열어갈 문화니, 어두운 시대의 닫힌 문화가 아니라 밝은 시대의 열린 문화로 종교·사상·정치·예술 등이 서로 넘나들고 하나의 정의가 무르익는 문화며, 도학과 과학이 병진하고 영육이 쌍전하며 동정이 한결같고 이치와 일이 어우러져 은혜와 평등과 진화의 세계를 열어가는 문화니라. 일원 문화를 개척하고 창조하기 위해서는 먼저 일원 철학을 소유한 문화 예술인들이 많아야 시대를 앞서 갈 수 있느니라.
우리의 **법신불 일원상은 불멸 불후의 예술이요 문화상징의 극치로서 이 자리를 깨달아 밝히신 대종사와 삼세 제불제성의 성전 또한 불후의 창작품이니 이 거룩함을 말과 글로, 노래와 춤으로, 그림과 극으로 꽃피워 일원 문화를 크게 발전시켜 나가기 바라노라.**"(『대산종사법어』 제6 회상편 49장)

원기107년(2022)에 소태산 대종사님의 『정전』과 『대종경』을 기반으로 110점의 그림을 그려 『법문과 함께하는 禪·茶 그림 원묵화, 선화명상』을 발간한 바 있습니다.
올해 교단 제4대 제1회를 시작하는 첫해를 기념하기 위하여 정산 종사의 『세전』과 『법어』 그리고 『대산종사법어』로 100점의 선묵화·원묵화를 그려 『법문과 함께하는 선·다 그림 원묵화, 원화명상 圓畫冥想』으로 엮어 발간하게 되었습니다.

정산 종사님과 대산 종사님의 법어로 선심禪心을 닦고 원묵화圓墨畵를 그렸고, 대산 종사님의 '기원문'으로 기도하며 원화명상집을 구상하고 완성해 왔습니다.

　기원문!
　천지하감지위 부모하감지위 동포응감지위 법률응감지위!
　피은자 김원도는 정심재계하옵고 삼가 법신불 사은전에 고백하옵나이다. 하늘은 만물을 다 덮어 주시고 땅은 만물을 다 실어 주시며 성인은 만물을 다 호념하여 화지육지化之育之 하시나니,
　불제자 김원도 대종사님과 정산 종사님과 대산 종사님과 삼세 제불 제성 님들과 마음을 연하고 기운을 통하여 천지인天地人 삼재에 합일할 수 있도록 큰 광명과 위력을 내려 주시와 도명 덕화의 주인공이 되게 하여 주시옵소서!
　일심으로 비옵나이다.(『대산종사법어』 제4 적공편 60장)

정산 종사님과 대산 종사님의 법어를 봉독하고 그림으로 승화시켜 실행까지 할 수 있도록 간절히 기원하며 한 작품 한 작품을 그렸습니다.
원불교 일원 문화에 한 획이라도 기여할 수 있기를 염원하고 또 염원하면서 완성한 원묵화입니다.

원기109년(2024) 8월
동산수도원에서
복타원 김원도 합장

차례

작가 소개 및 프로필   002
책을 펴내며   010

정산종사 게송
1. 한 울안 한 이치에 한 집안 한 권속이 한 일터 한 일꾼으로
   (유촉편 38장)   018

정산종사 세전
2. 사람이 한세상 동안(제1장 총서)   022
3. 교육은 세계를 진화시키는(제2장 교육)   024
4. 가정은 복의 터전(제3장 가정)   026
5. 신앙은 정신 생활의 근본(제4장 신앙)   028
6. 사람과 사람이 서로 어울리면(제5장 사회)   030
7. 국가에는 다스리는 이와(제6장 국가)   032
8. 세계는 한 큰집(제7장 세계)   034
9. 휴양(제8장 휴양)   036
10. 열반(제9장 열반)   038
11. 통론(제10장 통론)   040

정산종사 법어
12. 일원 만유화위일 천지시대원(기연편 2장)   044
13. 원만한 대도로써(기연편 11장)   046
14. 원각성존 소태산 대종사비(기연편 17장)   048
15. 영주(예도편 21장)   050

16. 나我가 죄의 근본(원리편 25장)	052
17. 유념의 공덕에는(원리편 27장)	054
18. 복 중에는 인연 복이 제일(원리편 56장)	056
19. 수기망념 양기진성(경의편 19장)	058
20. 송죽의 가치를(권도편 31장)	060
21. 평상심이 곧 도(권도편 45장)	062
22. 이 세상에 제일 큰 재주(응기편 13장)	064
23. 천지의 위력을 얻어(응기편 18장)	066
24. 인화하는 기술(무본편 6장)	068
25. 복덕의 종자(무본편 11장)	070
26. 마음으로만 남을 위하여도(무본편 12장)	072
27. 마음공부에 근본하여(무본편 13장)	074
28. 자성을 떠나지 않는 큰 공부(무본편 34장)	076
29. 장기와 바둑에만 수가 있는 것이 아니라(무본편 38장)	078
30. 범부가 변하여(무본편 56장)	080
31. 교만이 많으면(근실편 6장)	082
32. 감나무에 새들이(근실편 32장)	084
33. 결심은 특이하게(법훈편 9장)	086
34. 육신의 안녕만 묻지 말고(법훈편 15장)	088
35. 옛 성인은 제자들에게(법훈편 16장)	090
36. 여행자에게 목적지가 있듯이(법훈편 25장)	092
37. 구시화복문(법훈편 39장)	094
38. 악심은 처음 날 때에(법훈편 49장)	096
39. 범부는 요구 조건만 많으므로(법훈편 56장)	098
40. 감사 생활만 하는 이는(법훈편 59장)	100
41. 천불강부작지복(법훈편 64장)	102
42. 독야청청(법훈편 71장)	104

43. 회룡고조(공도편 28장)	106
44. 대중의 마음은 마침내(공도편 64장)	108
45. 금강산이 법기 보살 도량(도운편 14장)	110
46. 세계평화는(도운편 26장)	112
47. 삼동윤리(도운편 34장)	114
48. 서원 성불제중(생사편 20장)	116
49. 풍류로써 세상을 건지리라(유촉편 17장)	118
50. 어항을 치우라(유촉편 33장)	120

정산종사 십상

51. 앙천기원상	124
52. 심사해원상	126
53. 중앙계법상	128
54. 봉래조법상	130
55. 초도교화상	132
56. 개벽계성상	134
57. 전란불휴상	136
58. 교서정비상	138
59. 치병제중상	140
60. 임인열반상	142

대산종사 게송

61. 진리는 하나 세계도 하나 인류는 한 가족 세상은 한 일터
    (회상편 57장)   146

대산종사 법어

62. 도가의 큰 신심(신심편 1장) — 150
63. 스승과 제자의 심법(신심편 33장) — 152
64. 정산종사 성탑 비(신심편 40장) — 154
65. 수도인은 세 가지 힘을 얻어야(교리편 21장) — 156
66. 끝까지 구하면 얻어지고(교리편 24장) — 158
67. 마음에 사사가 끊어지면(교리편 29장) — 160
68. 법신불 일원상을 봉안하는 것(교리편 32장) — 162
69. 세상에서 제일 잘 사는 길(교리편 40장) — 164
70. 일상수행 요법 가운데(교리편 63장) — 166
71. 기도는 심공이라(교리편 77장) — 168
72. 정기훈련과 상시훈련(훈련편 3장) — 170
73. 일원상 서원문을 외우는 것이(훈련편 21장) — 172
74. 참 수행자는(훈련편 23장) — 174
75. 새 마음 구호(훈련편 33장) — 176
76. 수행에는 자수 자각 자립(적공편 1장) — 178
77. 대각은 일심 정력을 들이고(적공편 43장) — 180
78. 염불 10송(적공편 58장) — 182
79. 염주를 굴리는 것은(적공편 59장) — 184
80. 기원문(적공편 60장) — 186
81. 삼대 불공법(적공편 62장) — 188
82. 세상에 잘 사는 법(적공편 65장) — 190
83. 인생 5기(적공편 67장) — 192
84. 속 깊은 마음공부를 하려면(법위편 16장) — 194
85. 항마(법위편 25장) — 196
86. 우리 교단의 창립 정신은(회상편 4장) — 198
87. 전무출신의 도(공심편 4장) — 200

88. 네 가지 인보(공심편 6장)	202
89. 일을 할 때는 주인이 되고(공심편 36장)	204
90. 복 지을 기회가 주렁주렁(운심편 8장)	206
91. 이 몸은 사은의 빚이니(운심편 11장)	208
92. 천하의 제일 큰 법은(교훈편 3장)	210
93. 대각을 하고 복을 짓지 않을 수 없고(교훈편 9장)	212
94. 은혜를 알아 보은하면(교훈편 11장)	214
95. 인류 헌장 표어(교훈편 18장)	216
96. 거짓은 모든 죄의 뿌리가 되고(교훈편 20장)	218
97. 몸은 낮게 마음은 넓게 즐거움은 함께(교훈편 68장)	220
98. 세 가지 바쁜 공부(거래편 4장)	222
99. 대안정 절음식 망병약(소요편 3장)	224
100. 세계평화 4대 운동(경세편 16장)	226

책을 마치며	228
축사1 _ 교산 이성택 교무	230
축사2 _ 원불교 문화사회부장 이명아 교무	232
축사3 _ 담원 김창배 박사	234

정산종사 게송

1. 한 울안 한 이치에 한 집안 한 권속이 한 일터 한 일꾼으로

정산 종사 말씀하시기를
"물을 말이 있으면 물어보라."
잠시 후 시자가 대중의 뜻을 받아 여쭙기를
"이 삼동윤리의 요지로써 스승님의 게송을 삼으오리까?"
말씀하시기를
"그러하라. 과거에는 천하의 도가 다 나뉘어 있었으나
이제부터는 천하의 도가 모두 합하는 때이니,
대세계 주의인 일원 대도로 천하를 한 집안 만드는 데 같이 힘쓰라" 하시고
산회하라 하시더니,
이날 오후 송頌하시기를
"**한 울안 한 이치에 한 집안 한 권속이 한 일터 한 일꾼으로 일원 세계 건설하자**" 하시고 24일 거연히 열반하시니라.

『정산종사법어』 유촉편 38장

한 울안 한 이치에 한 집안 한 권속이 한 일터 한 일꾼으로
한지수묵담채, 45×68

한 울안
한 이치에
한 집안
한 권속이
한 일터
한
일꾼으로
일원세계
건설하자

정산종사 게송
복타원

정산종사 세전

2. 사람이 한세상 동안

사람의 영식靈識이 모태에 들면서부터 이 세상에 나고 자라서 일생을 살다가 열반에 들기까지에는 반드시 법 받아 행하는 길이 있어야 그 일생이 원만할 것이며 영원한 세상에 또한 원만한 삶을 누리게 되나니라.

그러므로, 태중에 있어서는 태교의 도가 있어야 하고, 세상에 난 후 어린 때에는 유교幼敎의 도가 있어야 하고, 더욱 자라면서는 과학과 도학을 통한 통교의 도가 있어야 하며,
가정에 있어서는 부부의 도와 부모·자녀의 도와 형제·친척의 도가 있어야 하며, 도문에 있어서는 신앙의 도와 신자의 도가 있어야 하며,
사회에 있어서는 남녀의 도와 노소의 도와 강·약의 도와 공중의 도가 있어야 하며, 국가에 있어서는 치교의 도와 국민의 도가 있어야 하며, 세계에 있어서는 인류의 도가 있어야 하며,
세상에서 모든 사업을 하다가 노년기에 당하여는 휴양의 도와 해탈의 도가 있어야 하며, 열반기에 당하여는 열반의 도와 천도의 도가 있어야 하나니,
사람이 한세상 동안 법 받아 밟아 행하여 나아갈 도리가 실로 한이 없으나 이에 그 모든 도리의 대강을 밝히고 이름을 '세전世典'이라 하노라.

『정산종사법어』 제1장 총서

사람이 한세상 동안
한지수묵담채, 45×68

사람이 한세상 동안 법받아 배워 행하여 나아갈 도리가 실로 한이 없으나 이에 그 모든 도리의 대강을 밝히고 이름을 世典이라 하노라 정산종사 법어 총서 세전 복타원 김원도

3. 교육은 세계를 진화시키는

교육은 세계를 진화시키는 근원이요 인류를 문명케하는 기초니, 개인 가정 사회 국가의 성쇠와 흥망을 좌우하는 것이 교육을 잘하고 잘못함에 있다 할 것이니라.

사람이 비록 만물 가운데 가장 영특하다 하나 교육의 힘이 아니면 능히 그 최령의 자격을 이루지 못할 것이며, 가정 사회 국가 세계가 비록 이루어져 있을지라도 또한 교육의 힘이 아니면 능히 유지 발전을 보지 못할 것이니,

그러므로, 사람의 일생에 기초가 되는 태중의 기간으로부터 나고 자라는 여러 기간을 통하여 반드시 태교와 유교와 통교의 모든 도가 잘 베풀어져야만 가정 사회 국가 세계에 유용한 사람이 될 것이니라.

또한 교육에는 크게 나누어 두 가지 부문이 있나니, 하나는 과학 교육이요 하나는 도학 교육이라, 과학 교육은 물질 문명의 근본으로서 세상의 외부 발전을 맡았고 도학 교육은 정신 문명의 근원으로서 세상의 내부 발전을 맡았나니,
마땅히 이 두 교육을 아울러 나아가되 도학으로써 바탕되는 교육을 삼고 과학으로써 사용하는 교육을 삼아야 안과 밖의 문명이 겸전하고 인류의 행복이 원만하리라.

『정산종사법어』 제2장 교육

교육은 세계를 진화시키는
한지수묵담채, 45×68

교육은 세계를 진화시키는 근원이요 인류를 문명케 하는 기초니 개인 가정 사회 국가의 성쇠와 흥망을 좌우하는 것이 교육을 잘하고 잘못함에 있다 할 것이니라 도학교육과 과학교육을 받아야 인류의 행복이 원만하리라 세전교육 복타원

4. 가정은 복의 터전

가정은 인간 생활의 기본이라, 사람이 있으면 가정이 이루어지고
가정에는 부부로 비롯하여 부모 자녀와 형제 친척의 관계가 자연히 있게 되는
바, 그 모든 관계가 각각 그에 당한 도를 잘 행하여야 그 가정이
행복한 가정, 안락한 가정, 진화하는 가정이 될 것이니라.

『정산종사법어』 제3장 가정

가정은 복의 터전
한지수묵담채, 45×68

5. 신앙은 정신 생활의 근본

신앙은 사람의 정신 생활에 근본되는 요건이니,
사람이 세상을 살아가기로 하면 반드시 정당한 믿음을 가져서 순역고락의 모든 경계에 마음의 안온과 평화를 유지하며 근원 있는 마음의 힘으로써 큰 공부와 큰 사업을 이루는 동시에 영원한 세상에 지침을 삼을 것이니,
그러므로, 신앙에도 도가 있어야 하는 것이며, 그 도 있는 믿음이 계속되어야 근원 있는 신앙, 실효 있는 신앙, 영원한 신앙이 될 것이니라.

『정산종사법어』 제4장 신앙

신앙은 정신 생활의 근본
한지수묵담채, 45×68

신앙은 사람의 정신생활에 근본 되는 요건이니라

정산종사 법어 세전 신앙 복타원

6. 사람과 사람이 서로 어울리면

사람과 사람이 서로 어울리면 사회가 이룩되나니 몇몇 사람이 모인 단체로부터 국가나 세계가 다 크고 작은 한 사회인 것이며,

사회에는 남녀와 노소의 별이 있고 강약과 지우智愚의 차가 있으며 또한 각각 그 관계에 따라 여러 가지 단체와 계급이 이루어지나니,

이 **모든 관계들 사이에 서로 도가 있으면 그 사회는 평화와 번영을 누리게 될 것이요,** 만일 그렇지 못하고 보면 그 사회는 반목과 다툼이 그치지 아니하나니라.

『정산종사법어』 제5장 사회

사람과 사람이 서로 어울리면
한지수묵담채, 45×68

사람과 사람이 서로 어울리면 사회가 이룩되나니 모든 관계들 사이에 서로 도가 있으면 그 사회는 평화와 번영을 누리게 될 것이요

정산종사 세전 사회 복지편 김원도

7. 국가에는 다스리는 이와

국가에는 다스리는 이와 다스림을 받는 이가 있게 되고 교화하는 이와 교화를 받는 이가 있게 되며,
다스리는 이와 다스림을 받는 이들이 각각 그 도를 잘 행하고 못함에 따라 나라의 흥망이 좌우되고,
교화하는 이와 교화받는 이들이 각각 그 도를 잘 행하고 못함에 따라 나라의 성쇠가 좌우되나니라.

그러므로, 나라의 지도자들은 『정전』에 밝혀 주신 '지도인으로서 준비할 요법'을 먼저 갖추는 동시에 반드시 그 도를 잘 이행하여야 나라의 운명과 민중의 앞길에 지장이 없을 것이요,
국민은 또한 국민의 도를 잘 이행하여야 그 나라가 흥성하고 그 국민이 한가지 행복을 누리게 되나니라.

『정산종사법어』 제6장 국가

국가에는 다스리는 이와
한지수묵담채, 45×68

國家 다스리는 이 다스림을 받는이 교화하는이 교화를 받는이가 각각 잘 행하고
못함에따라 나라의 흥망이 좌우되고 나라의 성쇠가 좌우되나니라

정산종사 법어 세전 국가에 대하여 복타원 김원도

8. 세계는 한 큰집

세계는 곧 온 인류를 한 단위로 한 큰집이니, 인류는 개인 가정 사회 국가에 있어서 각각 그 도를 다하는 동시에 또한 다 같이 한 세계 동포로서의 도를 잘 이행하여야 할 것이니라.

이 세상 모든 일을 접응할 때에 개인의 일이나 가정의 일이나 사회의 일이나 국가의 일이나 세계의 일이 결국 한 일임을 철저히 알아서, 어느 경우에든지 항상 대를 저버림이 없이 소를 운용하여야 할 것이며,
따라서 세계에 있어서는 **온 인류가 한결같이 세계의 평화와 인류의 공동 이익을 위하여 염원하고 이해하고 협력하여야 할 것이니라.**

『정산종사법어』 제7장 세계

세계는 한 큰집
한지수묵담채, 45×68

世界는 한큰집 온 인류가 한결같이 세계의 평화와 인류의 공동 이익을 위하여 염원하고 이해하고 협력하여야 할것이니라 세전 세계에 대하여 복락원

9. 휴양

천지에는 사시의 절서가 있고 사람에게는 일생의 시기가 있나니, 천지가 그 절서를 어기지 아니하므로 만물이 나고 자라고 열매를 맺고 거두는 차서를 얻게 되는 것 같이 사람은 그 시기를 잃지 아니하여야 일생의 생활과 생사 거래에 원만함을 얻나니라.

그러므로, 대종사께서 말씀하시기를 "특수한 경우를 제외하고는 유년기에는 문자를 배우게 하고, 장년기에는 도학을 배우며 제도 사업에 노력하게 하고, 노년기에는 경치 좋은 한적한 곳에 들어가서 세상의 애착 탐착을 다 여의고 생사 대사를 연마하게 한다" 하시었나니,
사람이 청소년기에는 주로 학업에 전력하여 인격의 기초를 이루어야 할 것이요, 장년기에는 주로 사업에 종사하여 인생의 가치를 나타내어야 할 것이요, 노년기에는 주로 수양에 전일하여 영원한 세상에 정신의 종자를 충실히 길러야 하나니라.

그러므로, 사람이 젊어서 사업을 하는 가운데도 적당한 시기를 따라 휴양을 취함이 필요하거니와 만년에 있어서는 더욱 전문적인 휴양이 긴요한 것이며 휴양하는 도와 해탈하는 도를 잘 밟아 나아가야 영원한 세상의 영육 생활에 결함이 없나니라.

『정산종사법어』 제8장 휴양

휴양
한지수묵담채, 45×68

휴양 천지에는 사시의 절서가 있고 사람에게는 일생의 시기가 있나니 천지가 그 절서를 어기지 아니하므로 만물이 나고 자라고 열매 맺고 그 시기를 얻게 되는 것같이 사람은 그 일생의 생활과 생사 거래에 원만함을 얻나니라 정산종사세전 휴양복락원

10. 열반

열반이라 함은 우리말로는 **두렷하고 고요하다**는 뜻인바, 두렷하다 함은 우리의 자성이 원래 원만 구족하고 지공 무사한 자리임을 이름이요, 고요하다 함은 우리의 자성이 본래 요란하지 아니하고 번뇌가 공한 자리임을 이름이니, 사람이 이 **자성의 도를 깨쳐서 자성의 원래를 회복함을 열반이라** 하며, 그 자리를 단련하여 언제나 자성을 떠나지 아니하고 극락을 수용함을 일러 열반락을 얻었다 하나니라.

그러나, 세상 사람들이 열반의 참 낙을 얻어서 언제나 한결같이 원적을 수용하는 이는 극히 적으므로 불가에서 형식상 사람이 죽는 것을 열반이라 하여 왔으나, 같은 열반 가운데도 근본 진리를 잘 체득하여 실지로 열반에 드는 이도 있고 색신은 비록 열반하였으되 망연妄緣은 길이 쉬지 아니하여 참다운 열반을 얻지 못하는 이가 많으므로,
공부하는 이들이 평소부터 이 열반의 도를 잘 단련하여 생전에도 열반락을 잘 수용하는 동시에 색신이 열반하는 때를 당하여 참다운 열반을 얻자는 것이니라.

『정산종사법어』 제9장 열반

열반
한지수묵담채, 45×68

열반 두렷하고 고요한 자성의 도를 깨쳐서 자성의 원래로를 회복함을 열반이라 하나니라. 세전열반 복타원

11. 통론

모든 일이 결과에는 반드시 원인이 있고 원인에는 반드시 결과가 있나니, 과거와 현재와 미래가 인연과 관계로써 서로 연관하여 한없이 돌고 돌아 무량 세계가 전개되었나니라.

여기에 한 식물이 있어 현재 무성하다면 그 종자가 원래 좋고 토양과 비료 관리가 적당하였음을 가히 알 수 있으며, 현재 좋은 종자를 좋은 토양에 심고 비료 관리를 적당히 하면 그 식물이 미래에 무성하고 충실할 것을 가히 알지라, 유정 무정과 모든 사물이 다 이 이치에 벗어나지 아니하고 나고 자라며 변화하나니라.

그러므로, 영식靈識의 종자와 인연의 토양과 모든 도리의 비료 관리로써 한 세상을 잘 살고 보면 모든 공덕의 결과가 거기에 따라서 나타날 것이며, 다시 휴양과 열반의 도로써 후생의 종자를 잘 기르고 보면 영원한 미래가 또한 보장될 것이니, 일생의 비롯과 중간과 마침에 있어서 이 모든 도리가 서로 바탕하여 우리의 세세생생을 좌우하게 되나니라.

여기에 다시 이 모든 도리의 근본되는 정신을 강령으로써 말씀하자면 태교로부터 열반에 이르기까지 청정한 마음과 상생의 마음과 공변된 마음을 배양하고 활용하는 것이 영원한 세상에 제일 큰 법이 되고 제일 큰 보배가 되나니,

옛사람이 이르기를 "한 생각 청정한 마음이 이 도량이라, 항하사 칠보탑을 조성함보다 승하도다. 보배 탑은 필경에 부서져 티끌이 되거니와, 한 생각 조촐한 마음은 정각을 이룬다"고 하였나니라.

『정산종사법어』 제10장 통론

통론
한지수묵담채, 45×68

통로 태교로부터 열반에 이르기까지 청정한 마음 생생의 마음 공변될 마음을
배양하고 활용하는 것이 영원한 세상에 제일 큰 법 제일 큰 보배가
되나니라 정산종사 법어 세전통론 복타원

정산종사 법어

12. 일원 만유화위일 천지시대원

대종사께서 초창 당시에 몇몇 제자에게 글을 지으라 하시며
정산 종사에게는 '일원一圓'이라는 제목을 주시매,
'만유화위일萬有和爲一 천지시대원天地是大圓'이라 지으시니,
번역하면
'만유는 일一로써 되고 천지는 크게 둥근 것'이라 하심이러라.

『정산종사법어』 기연편 2장

일원 만유화위일 천지시대원
한지수묵담채, 45×68

一圓萬有和為一
天地星里大圓
福陀圓合元道

13. 원만한 대도로써

말씀하시기를 "과거에 모든 부처님이 많이 지나가셨으나 우리 대종사의 교법처럼 원만한 교법은 전무후무하나니,
그 첫째는 일원상을 진리의 근원과 신앙의 대상과 수행의 표본으로 모시고 일체를 이 일원에 통합하여 신앙과 수행에 직접 활용케 하여 주셨음이요,
둘째는 사은의 큰 윤리를 밝히시어 인간과 인간 사이의 윤리뿐 아니라 천지 부모 동포 법률과 우리 사이의 윤리 인연을 원만하게 통달시켜 주셨음이요,
셋째는 이적을 말씀하지 아니하시고 오직 인도상 요법으로 주체를 삼아 진리와 사실에 맞은 원만한 대도로써 대중을 제도하는 참다운 법을 삼아 주셨음이라,
아직도 대종사를 참으로 아는 이가 많지 않으나 앞으로 세상이 발달하면 할수록 대종사께서 새 주세불이심을 세상이 고루 인증하게 되리라."

『정산종사법어』 기연편 11장

원만한 대도로써
한지수묵담채, 45×68

원만한 대도로써 주세불로 오신 대종사님 정산종사 법어 기연편 십일장 김원도

14. 원각성존 소태산 대종사비

원기38년 4월, **원각성존 소태산 대종사비**圓覺聖尊 少太山 大宗師碑를 영모원에 세우시며 비에 새기시기를 "대범, 천지에는 사시가 순환하고 일월이 대명代明하므로 만물이 그 생성의 도를 얻게 되고, 세상에는 불불이 계세하고 성성이 상전하므로 중생이 그 제도의 은恩을 입게 되나니 이는 우주 자연의 정칙이다.

옛날 영산 회상이 열린 후 정법과 상법을 지내고 계법 시대에 들어와서 바른 도가 행하지 못하고 삿된 법이 세상에 편만하며 정신이 세력을 잃고 물질이 천하를 지배하여 생령의 고해가 날로 증심하였나니 이것이 곧 구주이신 대종사께서 다시 이 세상에 출현하시게 된 기연이다." 하시고,

대종사의 약력을 기술하신 후 "오호라, 대종사는 일찍이 광겁 종성曠劫種聖으로 궁촌 변지에 생장하시어, 학문의 수습이 없었으나 문리를 스스로 알으시고 사장의 지도가 없었으나 대도를 자각하시었으며, 판탕한 시국을 당하였으나 사업을 주저하지 아니하시고 완강한 중생을 대할지라도 제도의 만능이 구비하시었으며, 기상은 태산교악 같으시나 춘풍화기의 자비가 겸전하시고 처사는 뇌뢰낙락磊磊落落하시나 세세곡절의 진정을 통해 주시며,

옛 법을 개조하시나 대의는 더욱 세우시고 시대의 병을 바루시나 완고에는 그치지 않게 하시며, 만법을 하나에 총섭하시나 분별은 오히려 역력히 밝히시고 하나를 만법에 시용하시나 본체는 항상 여여히 드러내사, 안으로는 무상 묘의의 원리에 근거하시고 밖으로는 사사 물물의 지류까지 통하시어, 일원 대도의 바른 법을 시방 삼세에 한없이 열으시었으니, 이른바 **백억 화신의 여래시요 집군성이대성**集群聖而大成**이시라**" 하시니라.

『정산종사법어』 기연편 17장

원각성존 소태산 대종사비
한지수묵담채, 45×68

원각성존 소태산 대종사비 대범 천지엔 사시가 순환하고 일월이 대명하며 만물이 그 생성의 도를 얻게 되고 세상엔 불불이 계세하고 성성이 상전하며 중생의 그 제도의 은혜를 입는 우주 자연의 정칙이다 옛날 영산 회상이 열린 후 정법과 상법을 지내고 계법 시대에 들어와서 바른 도가 행하지 못하고 삿된 법이 세상에 편만하며 정신이 세력을 잃고 물질이 천하를 지배하여 생령의 고해가 날로 중심하였나니 이것이 곧 구구 이신 대종사께서 다시금 이 세상에 출현하시게 된 대종사는 일찍이 광겁 종성으로 공촌 학 문의 수업이 없었으나 홀로 큰 뜻을 발 사장의 지도가 없었으나 대도를 잠각 식을 당하였으나 사업을 크게 지으 완강한 중생을 대훨지라 도제도의 였으며 기상은 태산 교악같으시나 천품 하시고 처사는 뇌력벽력하시나 성격 갖 조하시니 더욱 성우시고 시대의 병을 바루지와 왈 고 헤는 그치지 하나에 총섭하시니 불별 오회려 역력히 밝히시고 하나를 만체 눈 항상 여력히 드러내사 안으로는 두 상모의 원리에 공거하시고 밝으로는 사사물물의 지류까지 통하시어 일원 대도의 발은 법을 시방 삼세에 환 없이 열으시었으니 이른바 백억화신의 역래 시요 집결성이 대성이시라 하시니라.

기연 편 십칠 장 복타원 김원도

15. 영주

예전을 편찬하시며 '영주靈呪'를 내리시니

'천지영기 아심정天地靈氣我心定 만사여의 아심통萬事如意我心通 천지여아 동일체天地與我同一體 아여천지 동심정我與天地同心正'이요,

그 후 다시 '청정주清淨呪'를 내리시니

'법신청정 본무애法身清淨本無碍 아득회광 역부여我得廻光亦復如 태화원기 성일단太和元氣成一團 사마악취 자소멸邪魔惡趣自消滅'이러라.

『정산종사법어』 예도편 21장

영주
한지수묵담채, 45×68

靈咒天地靈氣我心定萬事如意我心通
天地與我同一體我與天地同心正
福陀

16. 나我가 죄의 근본

말씀하시기를 "나我가 죄의 근본도 되고 복의 근본도 되나니라.
옛말에 '땅으로 인하여 거꾸러지고 땅으로 인하여 일어난다' 하였나니,
나로 인하여 죄도 짓고 나로 인하여 복도 짓나니라."

『정산종사법어』 원리편 25장

나我가 죄의 근본
한지수묵담채, 45×68

17. 유념의 공덕에는

말씀하시기를 "있는 것보다 없는 것이 더 큰 것이며 유념보다 무념이 더 크나니, 대개 유는 테가 있으나 무는 테가 없는 까닭이니라.

유념의 공덕에는 유루의 복이 오고 무념의 공덕에는 무루의 복이 오나니 옛사람이 '상천의 덕은 소리도 없고 냄새도 없다' 하였나니라."
또 말씀하시기를 "자취 없는 덕을 쓰는 이는 하늘 같은 덕을 쓰는 이라 능히 시방을 거느리나니,
인간 복만 타려 하지 말고 천복을 짓고 받으며 사람의 스승만 되려 말고 삼계의 스승이 돼라."

『정산종사법어』 원리편 27장

유념의 공덕에는
한지수묵담채, 45×68

우범의 공덕에는 유루의 복이 오고 무념의 공덕에는 무루의 복이 오나니 옛사람이 상천의 덕은 소리도 없고 냄새도 없다 하였나니라 원리편 이상헌로장 복타원

18. 복 중에는 인연 복이 제일

고현종高賢種에게 말씀하시기를

"복 중에는 인연 복이 제일이요 인연 중에는 불연이 제일이니라. 오복의 뿌리는 인연 복이니 부지런히 선근자와 친근하라."

『정산종사법어』 원리편 56장

복 중에는 인연 복이 제일
한지수묵담채, 45×68

복중에는 인연복이 제일이요 인연중에는 불연이 제일이니라 오복의 뿌리는 인연복이니 부지런히 선군자와 친근하라 전산종사 법어 원리편 오십육장 복타원

19. 수기망념 양기진성

또 말씀하시기를

"수양은 망념을 닦고 진성을 기름[修其妄念 養其眞性]이 그 대지요,
연구는 지혜를 연마하며 본원을 궁구함[研其智慧 究其本源]이 그 대지요,
취사는 중정을 취하고 사곡을 버림[取其中正 捨其邪曲]이 그 대지니라."

『정산종사법어』 경의편 19장

수기망념 양기진성
한지수묵담채, 45×68

修其玄妙 念其真性 研其
智慧 究其本 源 取其中 正 捨其
邪曲 정화종사 법어경의편삼구장복사원

20. 송죽의 가치를

말씀하시기를

"송죽의 가치를 상설霜雪이 드러내듯이 공부인의 가치는 순역 경계가 드러내나니,

각자에게 난관이 있는 때나 교중에 난관이 있는 때에 그 신앙의 가치가 더 드러나고 그 공부의 가치가 더 드러나나니라.

국가에서 군인을 양성하는 것은 유사시에 쓰자는 것이요 도인이 마음공부를 하는 것은 경계를 당하여 마음 실력을 활용하자는 것이니라."

『정산종사법어』 권도편 31장

松竹의가지로霜雪이도러내듯이공부인의가치는 슬역경계가드러내나니 천도편三十장 보그타원

21. 평상심이 곧 도

말씀하시기를 "옛 선사의 말씀에 **"평상심이 곧 도"**라 하였나니,
평平은 고하의 계급과 물아物我의 차별이 없는 것이요,
상常은 고금의 간격과 유무의 변환이 끊어진 것이라,
이는 곧 우리의 자성을 가리킴이요 우리의 자성은 곧 우주의 대도니라.

그러므로, 이 평상의 진리만 분명히 해득한다면
곧 견성자이며 달도자라 할 것이나,
마음의 용처에 있어서는 설혹 그 진리를 다 깨닫지 못하였다 할지라도
경우에 따라 능히 평상심을 실행할 수 있으므로
우리는 이 평상의 진리를 연구하는 동시에
또한 평상의 마음을 잘 운용하여야 할 것이니라."

『정산종사법어』 권도편 45장

평상심이 곧 도
한지수묵담채, 45×68

22. 이 세상에 제일 큰 재주

이명훈李明勳이 묻기를
"제가 재주 하나를 배워 가지려 하오니, 이 세상에 어떠한 재주가
제일 크나이까?"
답하시기를
"사람과 잘 화하는 재주를 배워 가질지니라."

『정산종사법어』 응기편 13장

이 세상에 제일 큰 재주
한지수묵담채, 45×68

이 세상에 제일 큰 재주는 사람과 잘 화하는 재주

정산종사법어 응기편 십삼장 복타원

23. 천지의 위력을 얻어

황주남黃周南이 묻기를
"어떻게 하여야 천지의 위력을 얻어 큰일을 하오리까?"
말씀하시기를
"사私만 떨어지면 큰 일을 할 수 있나니라."

『정산종사법어』응기편 18장

천지의 위력을 얻어
한지수묵담채, 45×68

천지의 위력을 얻어 큰일을 하려면 사망떨어지면 큰일을 할수 있나니라 정산종사법어 응기편십팔장 복타원

24. 인화하는 기술

학인이 묻기를

"이 세상에서 어떠한 공부가 제일 근본되는 공부가 되나이까?"

말씀하시기를

"마음공부가 제일 근본되는 공부가 되나니라.

마음공부는 모든 공부를 총섭하나니,

마음공부가 없으면 모든 공부가 다 바른 활용을 얻지 못하나니라."

또 묻기를 "이 세상에서 어떠한 기술이 제일 근본되는 기술이 되나이까?"

말씀하시기를

"인화하는 기술이 제일 근본되는 기술이 되나니라.

사람 잘 화하는 기술은 모든 기술을 총섭하나니

인화하는 기술이 없으면 모든 기술이 다 잘 활용되지 못하나니라."

『정산종사법어』 무본편 6장

인화하는 기술
한지수묵담채, 45×68

인화하는 기술이 제일 근본되는 기술
정신종사 법어 부부편 육장 김원도

25. 복덕의 종자

말씀하시기를

"물에 근원이 있고 나무에 뿌리가 있어야 그 물과 나무가 마르지 않듯이,

현재에 복락을 누리는 것 보다 그 용성用性에 복덕의 종자가 박혀 있어야

그 복락이 유여하나니,

자기 마음에 어떠한 싹이 트고 있는가를 늘 살피어,

좋은 싹을 기르기에 힘을 쓰라.

복덕의 종자, 복덕의 싹은 곧 신심과 공심과 자비심이니라."

『정산종사법어』 무본편 11장

복덕의 종자
한지수묵담채, 45×68

복덕의 종자 복덕의 싹은 신심과 공심과 자비심 이니라 정산종사 무본편 십일장 복타원

26. 마음으로만 남을 위하여도

말씀하시기를
"복 받기를 원하거든 형상 없는 마음에 복의 싹을 길러 내고,
죄 받기를 싫어하거든 형상 없는 마음 가운데 죄의 뿌리를 없애라.
마음으로만 남을 위하여도 복덕이 되나니라."

『정산종사법어』 무본편 12장

마음으로만 남을 위하여도
한지수묵담채, 45×68

마음으로 만남을 위하여도 복덕이 되나니라 무본편 심이장 복덕타원

27. 마음공부에 근본하여

말씀하시기를
"측량하는 사람이 먼저 기점을 잡음이 중요하듯이 우리의 공부 사업에도
기점을 잡음이 중요하나니, 공부의 기점은 자기의 마음공부에 두고,
제도의 기점은 자신의 제도에 둘지니라.
그러나, 자신을 다 제도한 후에 남을 제도하라는 말은 아니니,
마음공부에 근본하여 모든 학술을 공부하고,
자신 제도에 힘쓰면서 제도 사업에 힘을 쓰라 함이니라."

『정산종사법어』 무본편 13장

마음공부에 근본하여
한지수묵담채, 45×68

마음공부에 근본하여 모든 학술을 공부하고 자신제도에 힘쓰면서
제도사업에 힘을 쓰라 정산종사 법어 무본편 십삼장 복 타원

28. 자성을 떠나지 않는 큰 공부

말씀하시기를
"대종사께서 고경 한 구를 인용하사
'자성을 떠나지 않는 것이 가장 큰 공부요,
응용에 무념하는 것이 가장 큰 덕'이라 하심이니라."

『정산종사법어』 무본편 34장

자성을 떠나지 않는 큰 공부
한지수묵담채, 45×68

자성을 떠나지 않는 것이 가장 큰 공부요 응응에 무념하는 것이 가장 큰 덕이니라 정산종사 무본편 삼십사장 녹타원

29. 장기와 바둑에만 수가 있는 것이 아니라

말씀하시기를

"장기와 바둑에만 수가 있는 것이 아니라 세상만사에도 수가 있나니,

범부는 눈앞의 한 수밖에 보지 못하고,

성인은 몇십수 몇백수 앞을 능히 보시므로

범부는 항상 목전의 이익과 금생의 안락만을 위하여 무수한 죄고를 쌓지마는

성인은 항시 영원한 혜복을 위하여 현재의 작은 복락을 희생하고라도

안빈낙도하시면서 마음공부와 공도 사업에 계속 노력하시나니라."

『정산종사법어』 무본편 38장

장기와 바둑에만 수가 있는 것이 아니라
한지수묵담채, 45×68

장기와 바둑에만 수가 있는 것이 아니라 세상만사에도 수가 있나니

복 타 원

30. 범부가 변하여

조전권曺專權에게 말씀하시기를
"저 과수도 종자가 좋고, 땅을 잘 만나고, 우로지택이 고르고,
사람의 적공이 잘 들어야 훌륭한 결실을 보게 되는 것 같이,
사람도 훌륭한 인격을 완성함에는 이 네 가지 요소를 갖추어야 되나니라.

사람은 습관성이 종자가 되나니, 이 세상 모든 사람이 다 마음도 다르고 행동도 다르게 태어나는 것은 익힌바 습관의 종자가 각각 다른 까닭이라, 그대들은 각자 각자가 좋은 습관을 들여서 좋은 종자를 장만하기에 힘쓰라.
사람의 땅은 부모 형제 사우師友등과 회상의 인연이니, 이러한 인연을 잘 만나야 훌륭한 인물이 될 수 있을 것이요, 만일 잘못 만나서 바른 지도를 받지 못하거나 옳은 일을 하려 할 때에 반대하고 막거나, 설사 그렇지 아니하여도 서원의 종자를 심을 때에 정법 회상이 아니면 좋은 싹을 발하지 못하고 말 것이니,
그대들은 좋은 인연을 많이 맺는 데에 전력하라. 사람의 우로雨露는 곧 법의 우로니, 자주 성경 현전을 보고 이상 사우의 법설도 들어야 마음의 좋은 싹이 잘 자라서 향상 진보할 수 있을 것인즉 그대들은 종종 법의 우로를 잘 받으라. 인격 완성에 있어서 인공人功이란 곧 자기의 공력이니, 사람이 좋은 습관을 가졌고 좋은 인연을 만났고 또 좋은 법설을 들었다 하더라도 각자의 적공과 능력이 들지 않고는 훌륭한 인격을 이룰 수 없나니라.

그러므로, **범부가 변하여 부처 될 때까지 각자 각자가 하나하나 실지의 공을 쌓아야만 성불 제중하는 큰 인격을 이루게 되나니라.**"

『정산종사법어』 무본편 56장

범부가 변하여
한지수묵담채, 45×68

범부가 변하여 부처가 될 때까지 각자각자가 하나하나 실지의 공을 쌓아야만 성불 제중하는 큰 인격을 이루게 되나니 무불편 오십육장 복타원 김원도

31. 교만이 많으면

말씀하시기를

"교만이 많으면 사람을 잃고 외식이 많으면 진실을 잃나니,

사람을 잃으면 세상을 버림이요 진실을 잃으면 자기를 버림이라,

이 두 가지를 잃고 도를 구함은 종자를 잃고 결실을 구하는 것 같나니라."

『정산종사법어』 근실편 6장

교만이 많으면
한지수묵담채, 45×68

교만의 맘으면 사람을 잃고 외식
이 많으면 진실을 잃나니
근실편 육장 복자원

32. 감나무에 새들이

종법실 앞 감나무에 새들이 자주 앉아 홍시를 쪼아서 버려 놓음을 보시고,
시자에게 말씀하시기를
"저러한 새들도 대회상의 창립에 도움은 주지 못할망정 빚을 져서야 쓰겠느냐. 쫓으라." 하시고,
시자가 없을 때에는 손수 쫓으시니라.

『정산종사법어』 근실편 32장

감나무에 새들이
한지수묵담채, 45×68

감나무에 새들이 자주 홍시를 쪼아 버려놓음을
보시고 근실편 삼십이장 복타원

33. 결심은 특이하게

말씀하시기를

"결심은 특이하게 하고, 처신은 평범하게 하라."

『정산종사법어』 법훈편 9장

결심은 특이하게
한지수묵담채, 45×68

34. 육신의 안녕만 묻지 말고

말씀하시기를

"일상 인사에 육신의 안녕만 묻지 말고 "마음공부 잘하자"고 인사하라. 이것이 수도인의 참 인사가 되리라."

『정산종사법어』 법훈편 15장

육신의 안녕만 물지말고 마음공부 잘하자고 인사하라
이것이 수도인의 참인사가 되리라 복타원 김월도

35. 옛 성인은 제자들에게

말씀하시기를
"옛 성인은 제자들에게 소금이 되라고 하셨거니와
나는 그대들에게 연꽃이 되라고 권하노라.
연꽃은 진흙 속에 뿌리 박았으되 그 잎이 더러움을 받지 않으며,
그 꽃은 아름답고 향기롭나니,
새 세상 수도인들의 상징이니라."

『정산종사법어』 법훈편 16장

옛 성인은 제자들에게
한지수묵담채, 45×68

옛 성인은 제자들에게 소금이 되라고 하셨거니와 연꽃은 나는 그대들에게 연꽃이 되라 하노라 연꽃은 진흙 속에서 뿌리박고 나서 향기롭고 아름다운 세상 수도인들의 상징이니라 법어 법훈편 삼육장 녹타원

36. 여행자에게 목적지가 있듯이

말씀하시기를

"여행자에게 목적지가 있듯이 공부인의 목적지는 불지니라."

『정산종사법어』 법훈편 25장

여행자에게 목적지가 있듯이
한지수묵담채, 45×68

여행자에게 목적지가 있듯이 공부인의 목적지는 불지니라

법훈편 이십오장 복타원

37. 구시화복문

말씀하시기를

"구시화문口是禍門이라 하거니와 실은 **구시화복문**口是禍福門이니,
잘못 쓰면 입이 화문이지마는 잘 쓰면 얼마나 복문이 되는가."

『정산종사법어』 법훈편 39장

구시화복문
한지수묵담채, 45×68

38. 악심은 처음 날 때에

말씀하시기를

"주자朱子는 '가시나무는 쳐내도 다시 길어나는데 지란芝蘭은 길러도 죽기 쉽다' 하였거니와,

우리가 선은 하기 어렵고 악은 범하기 쉽나니

악심은 처음 날 때에 끊어 버리고 선심은 놓치지 말고 잘 배양하여

수 만생 불종 선근이 뿌리 깊이 박히도록 힘을 쓰라."

『정산종사법어』 법훈편 49장

악심은 처음 날 때에
한지수묵담채, 45×68

악심은 처음 날 때에 끊어 버리고 선심은 놓치지 말고 잘 배양하여 수만생 불종선근이 백리 깊이 박히도록 정조사 법어 복타원

39. 범부는 요구 조건만 많으므로

말씀하시기를

"범부는 요구 조건만 많으므로 빚만 더 지고,
성인은 의무 조건만 많으시므로 복이 늘 족족하시나니라."

『정산종사법어』 법훈편 56장

범부는 요구 조건만 많으므로
한지수묵담채, 45×68

범부는 요구조건만 많으므로 빚만 더지고 성현은 의무조건만 많으므로 복이를 족족하시나니라 복타원

40. 감사 생활만 하는 이는

말씀하시기를

"감사 생활만 하는 이는 늘 사은의 도움을 받게 되고,
원망 생활만 하는 이는 늘 미물에게서도 해독을 받으리라."

『정산종사법어』 법훈편 59장

감사 생활만 하는 이는
한지수묵담채, 45×68

감사생활만 하는 이는 늘 상은의 도움을 받게 되고 원망생활만 하는 이는 늘
미움에게서도 해독을 받으리라 복타원 김원도

41. 천불강부작지복

말씀하시기를

"하늘은 짓지 않은 복을 내리지 않고,

사람은 짓지 않은 죄를 받지 않나니라.[天不降不作之福 人不受不作之罪]"

『정산종사법어』 법훈편 64장

천불강부작지복
한지수묵담채, 45×68

天不降不作之福，不作之罪。人不受不作之福陀。

42. 독야청청

말씀하시기를

"옛 충신은 '죽어서 솔이 되어 독야청청하리라' 하였거니와,

우리는 살아서 솔이 되어 다 함께 청정하며 회상과 세계에 충忠을 다하자."

『정산종사법어』 법훈편 71장

독야청청
한지수묵담채, 45×68

43. 회룡고조

말씀하시기를

"회룡고조回龍顧祖라는 말이 있나니,

이는 산의 지맥이 뻗어 내려오다가 그 본산을 돌아다보는 형국을 이름이라,

무정한 산맥도 그 근본을 잊지 아니하고 돌아다보므로 그 지기地氣가 매양 승하다 하나니라.

돌이켜 살펴보면 우주 만유는 허공에 근본해 있고, 모든 유정은 각기 마음에 근본해 있고, 모든 인류는 각기 조상에 근본해 있고,

여러 단체는 그 단체의 창도자와 선진자들과 그 단체를 총관하는 중앙에 근본해 있나니,

우리 회상도 대종사를 비롯하여 여러 선진들의 피땀 어린 노력으로 이루어졌고,

각 지방과 각 기관은 중앙을 인하여 건립되어 있으므로 우리들은 항상 대종사와 선진 여러분의 노고를 잊지 아니하고 감사와 경모의 뜻을 길이 가져야 할 것이며,

또한 각 지방과 기관은 그 근본이 되는 중앙을 잊지 아니하고 항상 받들고 협조하는 정신을 가져야 할 것이니라."

『정산종사법어』 공도편 28장

회룡고조
한지수묵담채, 45×68

44. 대중의 마음은 마침내

말씀하시기를

"대중의 마음은 마침내 덕 있는 이를 따르고,
하늘 뜻은 마침내 사 없는 이에게 돌아가느니라." 하시고
'群心竟順有德者 天命終歸無私人'이라 써 주시니라.

『정산종사법어』 공도편 64장

대중의 마음은 마침내
한지수묵담채, 45×68

대중의 마음을 마침내 덕있는 일을 따르고 하늘뜻은 마침내 사(私)없는 이에게 돌아가나니라. 정산종사법어 공도편 육십사장 복락원 김원도

45. 금강산이 법기 보살 도량

말씀하시기를
"대종사께서 이 회상을 여실 준비로 여러 차례 이 땅에 수생受生하시었나니,
혹은 드러나게 혹은 숨어서 이 나라에 많은 인연을 미리 심으셨나니라."
또 말씀하시기를
"금강산金剛山이 법기法起 보살 도량이라는 전설은
세상을 구제할 새 법이 이 나라에서 일어날 것을 예시함이요,
서역에서 상제常啼 보살이 법기 보살을 만나러 온다는 것은
서양 사람들이 동방에 법을 구하러 오리라는 뜻이니라."

『정산종사법어』 도운편 14장

금강산이 법기 보살 도량
한지수묵담채, 45×68

금강산이 금강보살이라는 전설은 세상을
구제할 새금이 이 나라에서 일어날 것을
예시함이오 둔운편 십사장

복타원

46. 세계평화는

말씀하시기를

"세계평화는 한 사람 한 사람의 화하는 마음에서부터 이루어지나니, 화하는 마음이 곧 세계평화의 기점이니라."

『정산종사법어』 도운편 26장

세계평화는
한지수묵담채, 45×68

세계평화는 한 사람 한 사람의 마음에서 화하는 마음이 화하는 마음이 부터 이루어지나니 화하는 마음이 곧 세계평화의 기점이니라 도은편 이십육장 복지 ○

47. 삼동윤리

원기46년 4월에 **삼동윤리**三同倫理를 발표하시며, 말씀하시기를
"삼동윤리는 곧 앞으로 세계 인류가 크게 화합할 세 가지 대동大同의 관계를 밝힌 원리니, 장차 우리 인류가 모든 편견과 편착의 울 안에서 벗어나 한 큰 집안과 한 큰 권속과 한 큰 살림을 이루고, 평화 안락한 하나의 세계에서 함께 일하고 함께 즐길 기본 강령이니라.
지금 시대의 대운을 살펴보면 인지가 더욱 열리고 국한이 점차 넓어져서 바야흐로 대동 통일의 기운이 천하를 지배할 때에 당하였나니,
이것은 곧 천하의 만국 만민이 하나의 세계 건설에 함께 일어설 큰 기회라, 오래지 아니하여 세계 사람들이 다 같이 이 삼동윤리의 정신을 즐겨 받들며, 힘써 체득하며,
이 정신을 함께 실현할 기구를 이룩하여 다 같이 이 정신을 세상에 널리 베풀어서 이 세상에 일대 낙원을 이룩하고야 말 것이니라.
그러므로, 이러한 좋은 시운에 이러한 회상을 먼저 만난 우리 대중들은 날로 달로 그 마음을 새로이 하고, 이 공부 이 사업에 더욱 정진하여 다 같이 이 좋은 세상 건설에 선도자가 되어 주기를 간절히 부탁하노라."

『정산종사법어』 도운편 34장

삼동윤리
한지수묵담채, 45×68

三同倫理同源　道理同氣連契
同拓事業　福陀

48. 서원 성불제중

부친의 임종이 가까우신지라,

한 구의 송頌으로써 최후를 부탁하시니

"誓願成佛濟衆서원성불제중 歸依淸淨一念귀의청정일념"이라,

번역하면

"부처 되어 제중하기 서원하시고 청정한 한 생각에 귀의하소서"러라.

『정산종사법어』 생사편 20장

서원 성불제중
한지수묵담채, 45×68

誓願成佛濟衆 歸依淸淨一念 부처되어
제중하기 서원하시고 청정한 한 생각에 귀의
하소서 정산종사법어 생사편 이재강 복과원

49. 풍류로써 세상을 건지리라

병상에서 **학인들의 성가를 들으시고,** 말씀하시기를
"내 어려서 천어처럼 생각되기를 '**풍류로써 세상을 건지리라**' 하였더니
옛 성인도 '**풍기를 바루고 시속을 바꾸는 데에는 풍류 같음이 없다**' 하셨나니라.
성가를 일종의 노래로만 알지 말라. 그 속에 진리가 들어 있나니, 그 가사를 새기며 경건히 부르라."

『정산종사법어』 유촉편 17장

풍류로써 세상을 건지리라
한지수묵담채, 45×68

學人들의 聖歌를 들으시고 풍류로써
세상을 건지리라 풍기를 바루고 시속을
바꾸는 데에는 풍류 같음이 없나니라 복타 ○

50. 어항을 치우라

시자에게 말씀하시기를

"어항을 치우라, 못에서 마음대로 헤엄침을 보리라.
화병을 치우라, 정원에 피어 있는 그대로를 보리라.
조롱鳥籠을 열어 주라, 숲에서 마음대로 날으는 것을 보리라."

『정산종사법어』 유촉편 33장

어항을 치우라
한지수묵담채, 45×68

어항을 치우라 못에서 마음대로 헤엄침을 보리라 화병을 치우라 정원에 피어있는 그대로를 보리라 조롱을 열어주리라 숲에서 마음대로 날으는 것을 보리라

유족편 삼십 삼장 복타원

정산종사 십상

51. 하늘을 우러러 기원하신 상
[앙천기원상仰天祈願相]

큰 뜻을 품으시고 가야산伽倻産으로 출발하실 즈음에 한시를 읊으시니

해붕천리 고상우海鵬千里翶翔羽 농학십년 칩울신籠鶴十年蟄鬱身
지기훈몽 운만리地氣薰濛雲萬里 천심통철 월중간天心洞徹月中間

이 글을 집안 대유가大儒家인 송공산宋公山 선생이 보고 이 아이는 장차 자라서 만인을 건질 대도인이 될 것이라고 예증例證하였다.

앙천기원상
한지수묵담채, 45×68

한으로 우리러 기원하신 仰天
祈願相 福陀 ○金元道

52. 스승을 찾아 뜻을 이루신 상
[심사해원상尋師解願相]

가야산伽倻山에서 뜻을 이루지 못하시고 전라도로 행하셔서
문득 대원사大願寺에 이르시어 진묵 대사震黙大師와 증산 천사甑山天師 등
전성前聖들의 법연法緣을 갖던 중
우연히 화해리花海里 해운海運 여노인女老人의 알선斡旋으로 수 삼 개월을 지내다가
대종사님의 직접 찾아주시는 대은大恩으로 사제제우師弟際遇하시었다.

심사해원상
한지수묵담채, 45×68

尋師解顚相
스승으로 찾아뜻을 이르신
福陀ㅇ

53. 중앙으로서 법을 이으신 상
[중앙계법상中央繼法相]

대종사께서 숙겁宿劫의 법연法緣을 맞이하기 위하여 삼년을 기다리시며
중앙中央을 비워놨다가 앉히시고
아심여심我心汝心 여심아심汝心我心이며
이젠 우리 회상의 일은 끝났다고 하시고
만대정법萬代正法을 의논하시었다.

중앙계법상
한지수묵담채, 45×68

中央繼法相
중앙으로서 법을 이으신 福陀

54. 봉래산에서 교법 제정을 도우신 상
[봉래조법상蓬萊助法相]

월명암月明庵에서 석두암[石頭庵=蓬萊精舍]을 왕래하시면서
제법制法하시는 대종사님을 도와드리는 상수上首 역할을 다하시었다.

봉래조법상
한지수묵담채, 45×68

蓬萊助法相 봉래산에서 교법제정으로 도우신 福陀

55. 초기 교단의 교화 인연을 맺어 주신 상
[초도교화상初度敎化相]

익산 총부를 건설建設하기 전에
만덕산萬德山에 보내주신 대종사님의 성지聖志를 대행代行하시어
교단 교화敎團敎化 만대의 초선지初禪地를 정定하시었다.

초도교화상
한지수묵담채, 45×68

초기교단의 교화인연을 맺어주신
初度 敎化相 福陀ㅇ

56. 개벽 시대 주세불의 법을 이으신 상
[개벽계성상 開闢繼聖相]

법위法位에 오르셔서 대종사님을 새 세상의 주세불主世佛로 높이 받들며 불불계세佛佛繼世 성성상전聖聖相傳 심심상련心心相連 법법상법法法相法의 대임大任을 맡으시어 한 게偈를 읊으시니
유위위무위有爲爲無爲 무상상고전無相相固全 망아진아현忘我眞我現 위공반자성爲公反自成이었다.

개벽계성상
한지수묵담채, 45×68

개벽시대 주세불의 法을 이으신
開闢繼聖相 福陀 ○

57. 전란 중에도 교단을 이끄시며
　　교화를 쉬지 않으신 상 [전란불휴상 戰亂不休相]

8·15 광복 후 나라의 혼란 중에도 건국론 建國論을 제시하시어
민족의 나아갈 길을 밝혀주셨고,
6·25의 전란 戰亂 속에서도 재가출가 전 교도의 희생자가 없이 무사히 회상을 이끌어 나오셨다.

전란불휴상 | 한지수묵담채, 45×68

동모를살이기위하야
우리는거리로간다

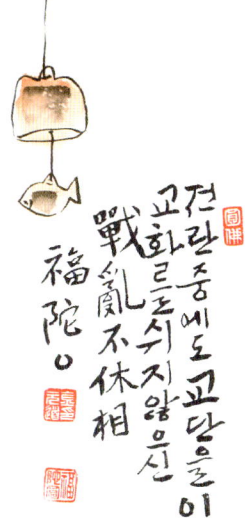

戰亂不休相
교화를주시지않으신
전란중에도교당을이끄시며
福陀

58. 교서를 정비하신 상
[교서정비상敎書整備相]

회상 성업聖業을 계승繼承하시는 가운데 7대교서七大敎書 중 『대종경大宗經』
과 6대교서六大敎書 전반全般을 친감親鑑하시며
교단 만대의 전 교서를 정비하시고
교단 3대사업인 교화敎化·교육敎育·자선慈善 기관을 설립하시는 동시에 그
기초를 확립시켜 주시었다.

교서정비상
한지수묵담채, 45×68

교서를 정비하신 敎書校正備相 福陀

59. 큰 병환 중에도 자비로 제중하신 상
[치병제중상 治病濟衆相]

구년 대병九年大病의 내우외환內憂外患을 겪으시면서도
대종사님의 일원대도를 시방세계에 전하시려는 원력은 더욱 크시고 그 정성精誠과 적공積功은 주소일념晝宵一念뿐이시라
마음 한번 가라앉고 이마 한번 찡그리신 바 없으시어 그 성자聖姿와 그 성심聖心의 거룩하심에 만인이 흠앙欽仰하였다.

치병제중상
한지수묵담채, 45×68

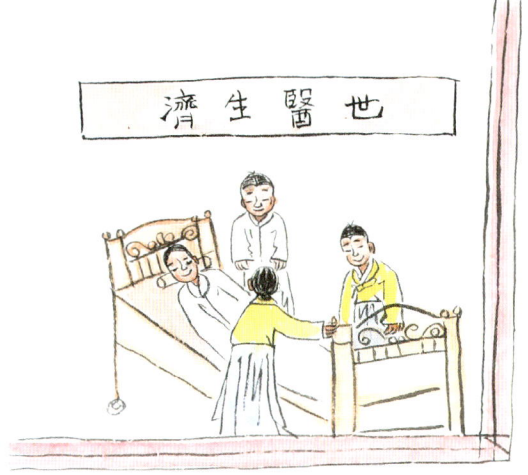
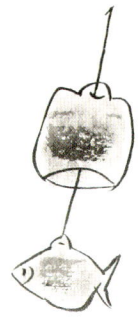

큰병환중에도 자비로 젱성하신
治病濟衆相福陀。

60. 임인년에 열반하신 상
[임인열반상 壬寅涅槃相]

열반하시기 직전에 게송偈頌을 전해주시니
한 울안 한 이치에 한 집안 한 권속이 한 일터 한 일꾼으로 일원세계一圓世界 건설하자는
인류의 대윤리를 제창하시었다.

임인열반상
한지수묵담채, 45×68

임인년에열반하실
壬寅涅槃木相 福陀

대산종사 게송

61. 진리는 하나 세계도 하나
　　인류는 한 가족 세상은 한 일터

대산 종사, 이어 말씀하시기를 "오늘 이 대사식의 자리를 빌려 나의 마음을 다음과 같이 밝히는 바입니다. 첫째 우리 회상은 일대겁 만에 도래하는 새 회상으로 새 천지 새 역사를 창조하고 천여래 만보살을 배출하여 억조창생의 복문을 열어 줄 천명을 부여받은 전무후무한 큰 회상임을 믿고 깨달아 실행하였으며, 둘째 이 회상이 열린 이 시대는 일대겁 만에 도래하는 천지개벽의 시대, 원시 반본原始反本하는 시대, 선후천이 교역하는 시대임을 알았으며, 셋째 대종사께서 새 천지 새 회상의 새 역사를 열어 제생의세하기 위해 오신 주세불이심을 잊지 않았으며, 넷째 일원 대도는 천하의 대도요 만고의 대법이며 사은 보은은 세계평화의 원리요 대도며 사요 실천은 세계 균등의 원리요 대도며 삼학 수행은 만생령 부활의 원리요 대도임을 깨달았으며, 다섯째 우리 회상의 경륜은 원형이정元亨利貞의 순리에 따라 춘종 하육春種夏育 추수 동장秋收冬藏의 순서에 따라 교운이 무궁함을 믿었으며, 여섯째 미래는 도학 문명과 과학 문명이 병행하는 원만한 세계가 건설되어 인류의 영靈과 육肉에 있어서 무지와 빈곤과 질병이 퇴치되어 이 지상에 하나의 세계, 평화의 세계, 균등의 세계, 선경의 세계, 낙원의 세계가 건설되는 일원주의가 실현될 것을 믿어 의심치 않으며 한결같은 마음으로 오늘에 이르렀습니다. 그리하여 나는 오늘 대임을 마치고 상사上師로서 대사식을 맞게 되었고, 또한 나의 생전에 후계 종법사가 종통宗統을 잇게 되었으니 감회가 한량없습니다. 이 모든 영광과 성스러움과 자랑스러움을 재가 출가 전 교도들에게 돌리고 아울러 모든 분과 더불어 영생 영겁의 법연을 맺어 보답할 것을 약속드리며, 끝으로 대종사님과 정산 종사님의 경륜을 받들어 그동안 제창해 온 나의 염원을 다시 천명하는 바입니다. **진리는 하나 세계도 하나, 인류는 한 가족 세상은 한 일터, 개척하자 하나의 세계.**" 　　『대산종사법어』 회상편 57장

진리는 하나 세계도 하나 인류는 한 가족 세상은 한 일터
한지수묵담채, 45×68

진리는 한 세계도 하나 인류는 한 가족 세상은
한 일터 개척하자 하나의 세계
원도

대산종사 법어

62. 도가의 큰 신심

대산 종사 말씀하시기를

"도가의 큰 신심은 진리와 스승과 법과 회상과 내가 하나 되는 4대 불이 신심四大不二信心이니라."

『대산종사법어』 신심편 1장

도가의 큰 신심
한지수묵담채, 45×68

도가의 큰 신심은 진리 스승 법 회상 내가 하나되는 사대불이 신심이니라

대산종사법어 신심편 일장

복타원 김원도

63. 스승과 제자의 심법

대산 종사 말씀하시기를

"**스승과 제자** 사이에 갖춰야 할 두 가지 **심법은** 곧 **신의**信義**와 정의**情誼**라.**

신은 제자가 스승에게 온통 바치는 것이요,

의는 한번 바친 그 마음이 어떠한 난관에도 변하지 않는 것이니,

이 신의만 갖추게 되면 스승의 법을 남김없이 다 받아올 수 있느니라.

또 정의는 도덕을 얻는 제일의 자본이라

정의가 있어야 법이 건네지는 것이므로,

처음은 인정으로 시작했다 하더라도

일단 법이 건네지면 영원한 법정으로 이어지게 되느니라.

그러므로 **신의와 정의만 갖추면**

스승이 가진 보물을 다 받아 내 것으로 만들 수 있느니라."

『대산종사법어』 신심편 33장

스승과 제자의 심법
한지수묵담채, 45×68

스승과 제자의 심법은 신의와 정의이다 신의와 정의만 갖추면 스승이 가진 보물을 다 받아 내것으로 만들 수 있느니라 대산종사 법어 신심편 삼십삼장 복타원

64. 정산종사 성탑 비

대산 종사, 정산 종사 성탑을 세우시며 그 탑에 새기시기를

"대범 하늘은 땅이 있어 그 도를 다하고 태양은 달을 두어 그 공功을 더하나니,

대종사께옵서 대각을 이루신 후 새 세상의 새 회상을 세우시고자 시방을 응하여 수위단을 조직하실 제 정산 종사를 기다려 그 중앙 위를 맡기시고 '내가 만나려던 사람을 만났으니 우리의 대사는 이제 결정이 났다.' 하셨으며, 이로부터 지중한 부자의 결의로 한결같이 신봉과 보필의 소임을 다하시매 '나의 마음이 곧 그의 마음이 되고 그의 마음이 곧 나의 마음이 되었다.' 하셨으니, 이것이 정산 종사께서 대종사의 법을 이어받으신 기연이다." 하시고 정산 종사의 약력을 쓰신 후

"오호라, 정산 종사는 한없는 세상을 통하여 대종사를 받들고 제생 의세의 대업을 운전하실 제, 신의는 고금을 일관하시고 경륜은 우주를 관통하시며, 시국의 만난萬難 중에서도 대도를 이어받아 드러내시고,

흉흉한 세도인심 속에서도 대자대비로 모든 생령을 두루 안아 길러 주시며, 새 질서를 갈망하는 세계를 향하여 일원 세계 건설의 큰길을 높이 외쳐 주셨으니, 후래 제자로서 묵묵히 우러러 뵈올 때 대종사가 하늘이요 태양이시라면 정산 종사는 땅이요 명월이시며,

대종사가 우리의 정신을 낳아주신 영부시라면 정산 종사는 그 정신을 길러 주신 법모시라.

광대 무량한 그 공덕을 만의 일이라도 표기하고자 이 탑을 세우고 이에 명銘하도다. [鼎山宗師 開闢繼聖 一以貫之 萬古信義 四大經綸 奉創大業 三同倫理 天下大道 道明德化 日月復明 法恩無量 天長地久]"

『대산종사법어』 신심편 40장

정산종사 성탑 대범하늘은 땅이 있어 오르를 두어 그 공을 더하나니 대종사께서부터 대각을 이루신 후 새 세상의 새 회상을 세우시고자 시방을 응화 여 수위란을 조직하실 제 정산종사를 기다려 그 중앙 위를 맡기시고 내가 떠나려던 사람을 만났으니 우리의 대사를 이제 결정이 났다 하셨으며 로 한결 같이 신성과 보필의 소임을 다 하시며 이로부터 지중한 부자의 결의 이 되고 그의 마음이 곧 나의 마음이 곧 기의 마음이 되었다 매 나의 마음이 곧 그의 마음 종사께서 대종사의 법을 이어 받으신 기연 이다 오호라 정산 중사는 한없는 세상을 통하여 대종사를 받들고 제생의세의 대업을 은전하실 제 신인는 고금을 일관하시고 경륜은 우주를 관통 하시며 실국의 만난 중에서도 대도를 이어 받아 드러내시고 두루 만아 길러 숙에서도 대자대비로 모든 생령을 흥흥한 세도 인심 축이시며 새 질서를 갈망하는 세계를 향하여 일원 세계 건설의 큰 길을 놓이 외쳐 주셨으니 후래 제자로써 묵묵히 우러러 뵈올 때 대종사가 하늘 이요 태양 이시라 면 정산종사는 땅이요 명월이시며 대종사가 우리의 정신을 낳아 주신 연부시라면 정산종사는 그 정신을 길러 주신 연모시라 광대무량한 그 공덕을 만의 일이라도 표기하고자 이 탑을 세우고 이에 銘 하도다 鼎山宗師 開闢繼聖

以貫之萬古信義 四大經綸奉創大業 三同倫理天下大道 道明德化日月復明 法恩無量天長地久

대산종사 법어 신심편 사심장 정산종사 성탑비를 쓰다 복타원

65. 수도인은 세 가지 힘을 얻어야

대산 종사 말씀하시기를
"수도인은 세 가지 힘을 얻어야 하나니,
하나는 삼학 공부로 대중화력을 얻는 것이요,
둘은 사은 보은으로 대감화력을 얻는 것이요,
셋은 사요 실천으로 대평등력을 얻는 것이니라."

『대산종사법어』 교리편 21장

수도인은 세 가지 힘을 얻어야
한지수묵담채, 45×68

수도인은 세가지 힘을 얻어야 하나니 삼학공부로
대중화력 사은보은으로 대감화력 사요실천으로
대평등력을 얻는 것이니라 —고려편 시삽일 장 복타원

66. 끝까지 구하면 얻어지고

대산 종사 말씀하시기를

"신앙의 대상이요 수행의 표본인 법신불 일원상은 각 종교의 진리를 통섭한 것이라.

이 자리는 진여眞如요 무극無極이요 심불心佛이요 만물의 고향으로,

그 안에는 무궁한 묘리와 무궁한 보물과 무궁한 조화가 가득 갚아 있어

삼라만상을 드러냈다 감추었다 하느니라.

하지만 이는 깨친 사람의 보물이요 지키고 잘 쓰는 사람의 물건이라.

끝까지 구하면 얻어지고 진심으로 원하면 이루어지고 정성껏 노력하면 반드시 되어지나니, 하려고 하는 사람에게는 진리도 양보하고 맡기느니라."

『대산종사법어』 교리편 24장

끝까지 구하면 얻어지고
한지수묵담채, 45×68

67. 마음에 사사가 끊어지면

대산 종사 말씀하시기를

"마음에 사사私邪가 끊어지면 일원의 위력을 얻고,
마음에 망념妄念이 쉬면 일원의 체성에 합하느니라."

『대산종사법어』 교리편 29장

마음에 사사가 끊어지면
한지수묵담채, 45×68

마음에 私邪가 끊어지면 일원의 위력을 얻고 마음에 眾念이 쉬면 일원의 體性에 합하느니라 대산종사 법어교리편 이십구장 복타원

68. 법신불 일원상을 봉안하는 것

대산 종사, 서성로교당 봉불식에서 말씀하시기를

"우리가 **법신불 일원상을 봉안하는 것은 시불**侍佛·**생불**生佛·**활불**活佛**의 뜻이 있나니,**

시불을 하자는 것은 자나 깨나 진리와 부처님과 스승님을 모시고 닮아 가자는 것이요,

생불이 되자는 것은 자기에게 있는 천진불을 회복하여 완전한 권리와 원만한 능력을 갖춘 부처가 되자는 것이며,

활불이 되자는 것은 내 가정과 내 이웃과 내 국가를 비롯한 시방세계 일체 생령을 구원하는 산부처가 되자는 것이니라."

『대산종사법어』 교리편 32장

법신불 일원상을 봉안하는 것
한지수묵담채, 45×68

법신불 일원상을 봉안 하는 것은 侍佛 坐佛 活佛의 뜻이 있나니라 대산종사 법어 교리편 삼십이장 복타원

69. 세상에서 제일 잘 사는 길

대산 종사 말씀하시기를

"**세상에서 제일 잘 사는 길은 은혜를 발견하여 감사 생활을 하는 것이요,**
세상에서 제일 잘못 사는 길은 해독을 발견하여 원망 생활을 하는 것이니라."

『대산종사법어』 교리편 40장

세상에서 제일 잘 사는 길
한지수묵담채, 45×68

70. 일상수행 요법 가운데

대산 종사 말씀하시기를

"일상 수행의 요법 가운데 '돌리자'라는 말씀에 큰 공부가 들어 있나니, 자신의 중생심을 부처님 마음으로 돌리고,

경계 속에서 당한 해로움을 기꺼이 나에게 돌리며,

잘못한 사람도 끝까지 호념하여 재생의 기회를 갖도록 돌리는 데 힘써야 하느니라."

『대산종사법어』 교리편 63장

일상수행 요법 가운데
한지수묵담채, 45×68

일상수행의 요법 가운데 돌리자는 말씀에 큰 공부가 들어있나니 자신의 중생심을 부처님 마음으로 돌리고 경계 속에서 당하는 해로움을 기꺼이 나에게 돌리며 잘못한 사람도 끝까지 호념하여 재생의 기회를 갖도록 돌리는 데 힘써야 하느니라. 명종종사법어 포리평은 원삼장 복타원

71. 기도는 심공이라

대산 종사 말씀하시기를

"**기도** 기간 내에 정신·육신·물질로 남을 위해서 봉사하거나
자기 **심공**心功으로 **수행하는 바를 기원하는 데에 모두 바치면
큰 위력을 얻을 수 있느니라.**"

『대산종사법어』 교리편 77장

기도는 심공이라
한지수묵담채, 45×68

기도는 심공이라 수행하는 바를 기원하는데에 모두 바치면 큰 위력을 얻느니라

대산종사 법어 교리편 칠십칠장 복타원

72. 정기훈련과 상시훈련

대산 종사 말씀하시기를

"진리를 일상생활 속에서 물을 마시고 숨을 쉬듯이 활용하는 법이라야 만대를 이어갈 살아 있는 법이라,

평소 일상생활 속에서 정기 훈련과 상시 훈련으로 평상심을 기르는 것이 가장 중요하나니,

특별히 혼자서 애쓰는 것보다 아침부터 저녁까지 대중과 함께 법도 있는 생활을 오래오래 계속하고 보면

나도 모르는 사이에 큰 힘이 쌓이게 되느니라."

『대산종사법어』 훈련편 3장

정기훈련과 상시훈련
한지수묵담채, 45×68

정기훈련과 상시훈련 진리를 일상 생활 속에서 물을 마시고 숨을 쉬듯이 활용하는 법이라 야만 대를 이어갈 살아있는 법이라 평소 일상생활 속에서 정기훈련과 상시훈련으로 평상심을 기르는 것이 가장 중요요. 하나니 대산종사 법어 훈련편 삼장 복타원

73. 일원상 서원문을 외우는 것이

대산 종사 말씀하시기를

"일원상 서원문을 외우는 것이 기질을 변화시키는 데 더없이 좋은 방법이 되나니,

일원상 서원문을 지성으로 외우다 보면

언어가 끊어지고 심행처가 없는 자리에 마음이 머물게 되는데 바로 그 자리가 적멸궁이요 열반락의 자리니라.

부처님께서는 이 자리를 알아 '나 없으매 나 아님이 없는 자리[無我無不我]'에 머무시나니

이것을 알면 세세생생 잘 살 것이요 모르면 맹인이 문고리를 잡았다가 놓쳐 버림과 같은지라

참으로 안타까운 일이니라."

『대산종사법어』 훈련편 21장

일원상 서원문을 외우는 것이
한지수묵담채, 45×68

일원상 서원문을 외우는것이 기질을 변화시키는데 더없이 좋은 방법이 되나니라

대산종사 법어 훈련편 이십일 장 복타원

74. 참 수행자는

대산 종사 말씀하시기를

"대종사께서 삼학을 편벽되게 닦는 것을 특히 금하셨나니 우리는 삼대력 중에서 모자라는 점을 스스로 살피고 동지들의 의견도 들어서 삼학을 병진하는 원만한 수행자가 되어야 하느니라.

참 수행자는 능한 것은 감추고 부족한 것은 더 드러내어 능할 때까지 연마를 쉬지 않으므로 점점 더 능하게 되나,

보통 수행자는 능한 것을 감추지 못하므로 도리어 그로 인하여 어두워지나니, 삼학을 편벽되게 닦는 것이야말로 수도인의 큰 업장이며 마장이니라."

『대산종사법어』 훈련편 23장

참 수행자는
한지수묵담채, 45×68

참수행자는 능한 것은 감추고 부족한 것은 더 드러내어 능하지 않으므로 점점 더 능하게 되나니라. 대산종사 법어 훈련편 복타원

75. 새 마음 구호

대산 종사, '새 마음 구호'를 정하시니

"새 마음 새 몸 새 생활로 새 사람이 되어, 새 가정 새 나라 새 세계 새 회상 이룩하자."

『대산종사법어』 훈련편 33장

새 마음 구호
한지수묵담채, 45×68

새마을구호 새마음 새몸 새생활로 새사람이 되어 새가정 새나라 새세계 새회상 이룩하자 대산종사 법어 훈련편 삼십삼장 복타원

76. 수행에는 자수 자각 자립

대산 종사 말씀하시기를

"**수행에는 자수**自修·**자각**自覺·**자립**自立**의 세 가지가 있느니라.**

첫째 자수는 생활 속에서 바른 표준을 세워 스스로 닦아 나가자는 것이니 일관된 정성을 들이면 마침내 도력이 쌓여 세상의 큰 스승이 될 것이요,

둘째 자각은 일과 이치로 천만 사물을 접하고 대할 때 서로 배우고 익히며 생각하고 연마하자는 것이니 꾸준히 노력하면 마음 하늘[心天]에 지혜의 태양[慧日]이 솟아 시방세계에 밝은 빛을 비출 것이요,

셋째 자립은 개인이나 교단이나 국가나 세계를 막론하고 정신·육신·물질의 모든 생활에서 자력을 갖추자는 것이니 자립의 힘이 세상에 넘쳐흐를 때 인류사회에 큰 보은이 되느니라."

『대산종사법어』 적공편 1장

수행에는 자수 자각 자립
한지수묵담채, 45×68

수행엔 自修 自覺 自료의 세가지가 있느니라
댓조사 법어 적공편 일장 복타원

77. 대각은 일심 정력을 들이고

대산 종사 말씀하시기를

"대각은 일심 정력을 들이고, 일편단심이 되며, 일심 기도를 하고, 일심 합력을 해야 이루어지느니라."

『대산종사법어』 적공편 43장

대각은 일심 정력을 들이고
한지수묵담채, 45×68

대각은 일심 정력을 들이고 일편단심이되며 일심 기도를 하고 일심 협력을 해야 이루어 지나니라 대산종사법어 적공편 사십삼장 복타원

78. 염불 10송

대산 종사, '염불 10송'을 내리시니

"① 이 염불의 인연으로 **삼계 업장이 소멸하여지이다.** 나무아미타불.
② 이 염불의 인연으로 **시방세계가 청정하여지이다.** 나무아미타불.
③ 이 염불의 인연으로 **이매망량이 항복하여지이다.** 나무아미타불.
④ 이 염불의 인연으로 **육근이 항상 청정하여 대지혜 광명이 발하여지이다.** 나무아미타불.
⑤ 이 염불의 인연으로 **심량이 광대하여 제불 조사의 심인을 닮을 만한 대법기가 되어지이다.** 나무아미타불.
⑥ 이 염불의 인연으로 **생사의 자유를 얻어 육도를 임의로 왕래하게 하여지이다.** 나무아미타불.
⑦ 이 염불의 인연으로 **무량세계 무량겁에 무량 중생으로 하여금 불도를 이루게 하여지이다.** 나무아미타불.
⑧ 이 염불의 인연으로 **삼계 진루三界塵漏가 다 사라지고 심월만 홀로 빛나게 하여지이다.** 나무아미타불.
⑨ 이 염불의 인연으로 **삼계의 유주 무주 고혼을 다 천도하게 하여지이다.** 나무아미타불.
⑩ 이 염불의 인연으로 **무량아승기겁에 흐를지라도 대서원, 대법륜, 대불퇴전이 되어지이다.** 나무아미타불."

『대산종사법어』 적공편 58장

염불 10송
한지수묵담채, 45×68

염불삽송

이 염불의 인연으로 삼계업장이 소멸하여지이다 나무아미타불 이염불의 인연으로 시방세계가 청정하여지이다 나무아미타불 이염불의 인연으로 이 마음향이 항복하여지이다 나무아미타불 이염불의 인연으로 심광이 광대하여 제불조사의 심인을 항상 청정하여 대지혜 광명이 발하여지이다 나무아미타불 이염불의 인연으로 웅근이 닮을 만한 대법기가 되어지이다 대산종사 법어 작공편 오십팔장 복타원

79. 염주를 굴리는 것은

대산 종사 말씀하시기를

"염주를 굴리는 것은 염주를 세는 데 그 뜻이 있는 것이 아니라, 잃어버린 마음을 다시 찾아 본심을 회복하는 데 그 뜻이 있느니라."

『대산종사법어』 적공편 59장

염주를 굴리는 것은
한지수묵담채, 45×68

염주를 굴리는 것은 염주를 세는데 그 뜻이 있는 것이 아니라 잃어버린 마음을 다시 찾아 본심을 회복하는데 그 뜻이 있느니라

대산종사 법어 적공편 오십구장 복타원

80. 기원문

대산 종사 기원문을 지으시니
"천지하감지위 부모하감지위 동포응감지위 법률응감지위,
피은자 김대거는 정심 재계하옵고 삼가 법신불 사은 전에 고백하옵나이다.

하늘은 만물을 다 덮어 주시고 땅은 만물을 다 실어 주시며 성인은 만물을 다 호념하여 화지 육지化之育之하시나니,
불제자 김대거도 대종사님과 정산 종사님과 삼세제불 제성님과 마음을 연하고 기운을 통하여 천지인 삼재에 합일할 수 있도록
큰 광명과 위력을 내려 주시와 도명 덕화의 주인공이 되게 하여 주시옵소서!
일심으로 비옵나이다."

『대산종사법어』 적공편 60장

기원문
한지수묵담채, 45×68

祈願文
天地下鑑之位
父母下鑑之位
同胞應鑑之信
法律應鑑之信
法身佛 四恩全體에
告白하옵나이다
한울을 만물으로 다 덥어
주시고 땅을 만물으로 다
실어 주시며 성일을 만
물을 길러 주시나이다 불
제자도 대종사님과 정산종
사님과 대산제불제성님과
많은스승하고기슴스승하
여 天地人삼재에 합일
한숨속에 숨쉬는 큰광명과
큰력으로서 쳐주시와 드명
덕화의 주人공이되
게하여 주시읍소서
일심으로 비옵나이다

대산종사 님어 적공편
부타천 김원도

81. 삼대 불공법

대산 종사, '3대 불공법'에 대해 말씀하시기를
"첫째는 **불석 신명**不惜身命 **불공**이니, 진리와 스승과 법과 회상을 위하여 신명을 아끼지 않고 다 바치는 불공이요,
둘째는 **금욕 난행**禁慾難行 **불공**이니, 재색 명리의 세상 낙을 이 공부 이 사업 하는 데 돌려 큰 정진과 적공으로 고통마저도 참고 받아들이고 즐길 줄 아는 불공이요,
셋째는 **희사 만행**喜捨萬行 **불공**이니, 일체 생령을 구원하는 것을 천직으로 여기고 정신·육신·물질로 기쁘게 무념 무상의 보시를 하는 불공이니라."

『대산종사법어』 적공편 62장

삼대 불공법
한지수묵담채, 45×68

三寶佛供法不惜身命佛供禁慾難行佛供喜捨當行佛供 元道

82. 세상에 잘 사는 법

대산 종사 말씀하시기를

"**세상에 잘 사는 법이 많이 있으나** 그중에서 제일 잘 사는 법은 **항산恒産·항신恒身·항심恒心을 잘하는 것이니라.**

첫째, 항산은 한결같은 경제 살림을 이름이니, 항산을 하려면 생산성 있는 경제 기반을 가지며 매일 수입과 지출을 대조하고 근검저축 절약 절식으로 자립을 해야 하느니라.

둘째, 항신은 한결같은 몸을 갖는 것이니, 항신을 하려면 먹는 것을 조심하고[戒食], 색을 조심하고[戒色], 명예를 조심[戒鬪]하여 자력을 세워야 하느니라.

셋째, 항심은 한결같은 마음을 가져 자주의 힘을 길러야 하나니, 항심을 하려면 아침저녁으로 심고를 올리고 선정에 들며,
젊을 때부터 10년, 20년, 30년을 기도 일념으로 계속해야
일생을 잘 살고 영생을 잘 살 수 있느니라."

『대산종사법어』 적공편 65장

세상에 잘 사는 법
한지수묵담채, 45×68

세상에 잘 사는 법 恒産恒身恒心 을 잘 하는 것이니라 대산종사 법어 적공편 육십오장 복타원

83. 인생 5기

대산 종사, '**인생 5기**人生五期'에 대해 말씀하시기를

"천지가 사시의 질서를 어기지 않고 순리에 따라 운행하므로 만물이 나고 자라 결실을 거두듯 사람도 시기를 잃지 않고 일생을 살아야 그 생이 보람되고 영생이 완전해지느니라.

첫째는 대창시기이니, 모태 중에서 심신의 기운이 어리고 형체를 이루는 시기로 타력만을 힘입는 때라, 태모胎母를 비롯한 주위 인연들은 간절한 마음과 기원 일념으로 태교에 힘써야 할 것이요,

둘째는 대학업기이니, 바른 신앙을 바탕으로 **도학과 과학을 아울러 가르치고 배워서 성숙하는 때라,** 유년기에는 부모와 주위 인연의 따뜻한 사랑과 올바른 가르침으로 모범을 보여 스스로 실천하게 할 것이요, 소년기에는 원만하고 바른 스승의 지도를 받고 원만하고 바른 벗을 사귀도록 할 것이요, 청년기에는 원대한 이상과 포부를 가지고 역량을 키우며 큰 경륜으로 큰일을 경영한 분들을 모시고 본받는 공부를 해야 할 것이요,

셋째는 대수련기이니, 앞날의 포부를 실현하기 위하여 **수련을 쌓고 계획을 세우는 때라,** 자기 생활을 개척해 나갈 한 가지 이상의 기술을 습득하고 마음 개조로 기질 변화를 이루며 인도의 대의를 배워 실천하는 도덕 훈련을 해야 할 것이요,

넷째는 대활동기이니, 그간 배우고 수련한 바를 자신과 **세계를 위하여 널리 베풀어 쓰는 때라,** 지중하신 사은에 보은하여 인생의 가치를 실현해야 할 것이요,

다섯째는 대준비기이니, 일생을 결산하고 내생을 준비하기 위하여 자연을 벗 삼고 성리를 체 삼아 참 나를 찾고 기르는 때라, 서원 일념으로 영원한 세상에 새 생명의 종자를 품어 내생을 위한 새싹을 틔워야 하느니라."

『대산종사법어』 적공편 67장

인생 5기
한지수묵담채, 45×68

인생五期 대창시기 모태중에서 형체를 이루는 시기 대학업기 도학과 학을 배우는 성숙하는 시기 대수련기 수련을 쌓고 계획을 세우는 시기 대활동기 자신과 세계를 위하여 널리 베풀며 쓰는 시기 대준비기 일생을 결산하고 내생을 준비하는 시기

84. 속 깊은 마음공부를 하려면

대산 종사 말씀하시기를

"**속 깊은 마음공부를 하려면 진리와 스승에게 연하려는 간절한 마음과 법을 구하려는 지극한 서원과 정성이 있어야 하느니라.**

진리와 스승을 사모하고 닮으려 할 때는 어린아이가 엄마 젖을 찾아 울고 보채듯 매달려야 부처님들이 떠나지 못하고 제도를 하시느니라."

『대산종사법어』 법위편 16장

속 깊은 마음공부를 하려면
한지수묵담채, 45×68

속 깊은 마음공부를 하려면 진리와 스승에게 연하려는 간절한 마음과 법을 구하려는 지극한 서원과 정성이 있어야 한느니라

대산종사 법어 법위편 십육장 복타원

85. 항마

대산 종사 말씀하시기를

"군인은 실전을 통해 전력이 쌓이고 공부인은 경계를 통해 심력이 쌓이나니, 공부하는 도중 병마나 큰 경계가 왔을 때 공부심을 가지고 잘 넘기는 공부를 해야 항마가 되느니라."

『대산종사법어』 법위편 25장

항마
한지수묵담채, 45×68

항마 굳인은 실지정을 통해 전력이 쌓이고 공부인은 경계를 통해 심력이 쌓이나니
공부하는 도중 병마나 큰 경계가 왔을 때 공부심을 가지고 잘 넘기는 공부를
해야 항마가 되느니라. 대산종사법어 법위편 이십오장 복타원

197

86. 우리 교단의 창립 정신은

대산 종사 말씀하시기를

"우리 교단의 창립 정신은 사무여한, 이소성대, 일심합력이니라."

『대산종사법어』 회상편 4장

우리 교단의 창립 정신은
한지수묵담채, 45×68

87. 전무출신의 도

대산 종사, '전무출신의 도'를 내리시니

"① **시방 삼계 육도사생의 전 생명이 나의 생명이요 전체 행복이 나의 행복임을 알라.**
② 자신과 교단과 전 세계를 위하여 남김없이 심신을 바치라. 만일 무엇에든지 걸림이 있으면 영겁 대사가 무너지게 되리라.
③ 삼학 팔조와 사은 사요를 몸소 실행하고 천하 만국 만민에게 전하여 줄 천직이 부여되었음을 명심하라.
④ 몸은 천하의 뒤에 서서 일하고 마음은 천하의 앞에 서서 일할지니라.
⑤ 성직은 누가 맡긴 직이 아니요 스스로 맡은 천직인 동시에 대도의 주인이요 하늘 마음을 대행하는 천지의 주인이니라.
⑥ 전무출신을 하고서 후일에 바람이 있거나 후회함이 있다면 그는 남의 일을 해 준 사람이요 공도의 주인은 아니니라.
⑦ 일생 동안 재색 명리의 낙을 이 공부 이 사업으로 바꾸고 보면 영생의 복락은 이루 말할 수 없느니라.
⑧ 몸은 내놓았어도 마음을 내놓지 못한 사람과 마음은 내놓았어도 몸을 내놓지 못한 사람과 몸과 마음을 다 내놓은 3종의 구별이 있느니라.
⑨ 교도는 일반 사회인의 모범이 되어야 하고 전무출신은 일반 교도의 모범이 되어야 하느니라.
⑩ 천하 대사를 진정으로만 하고 보면 크고 작은 일이 자연히 다 이루어지느니라.
⑪ 법을 위해서는 신명을 바치고 공을 위해서는 사를 버려야 하느니라.
⑫ 각자의 맡은 바 직장에서 그일 그 일에 힘과 마음을 다하면 곧 천지행을 함이 되느니라."

『대산종사법어』 공심편 4장

전무출신의 도
한지수묵담채, 45×68

천무출신의도 시방삼계 육도사생의 전 생명이 나의
생명이요 전체 행복이 나의 행복임을 알리

대산종사 법어 공심편 사장 복타원

201

88. 네 가지 인보

대산 종사 말씀하시기를

"우리에게 **네 가지 인보**가 있으니

그 하나는 **'사람 인' 자 인보**人寶요, 둘은 **'어질 인' 자 인보**仁寶요, 셋은 **'참을 인' 자 인보**忍寶요, 넷은 **'인증할 인' 자 인보**認寶니라.

그중에서도 가장 기본이 되고 바탕이 되는 보물은 바로 세상의 주인인 사람이니,

그 까닭은 크고 넓은 천지 가운데 헤아릴 수 없이 많은 심오한 진리와 무한한 사물이 있지만 사람이 없으면 한낱 껍데기에 불과하기 때문이니라.

하지만 인보人寶의 자격을 갖추기 위해서는 어짊과 참음과 인증의 보배를 얻어야 하나니,

첫째, 어짊의 보배를 갖추라 함은 수많은 사람이 있지만 인을 소유한 사람이 아니면 천지 만물 일체 생령을 책임지고 구제할 수 없는 까닭이요,

둘째, 참음의 보배를 갖추라 함은 참된 지도자가 되기 위해서는 어떠한 시비가 있다 하더라도 참고 참고 또 참아야 참된 인격을 이룰 수 있는 까닭이요,

셋째, 인증의 보배를 갖추라 함은 하늘과 땅과 스승과 대중의 인증을 받아야 마침내 성공을 거둘 수 있는 까닭이니라.

따라서 우리는 모두 이 네 가지 인보를 갖추어 스승님들께 보은하는 불보살이 되어야 할 것이니라."

『대산종사법어』 공심편 6장

네 가지 인보
한지수묵담채, 45×68

비가지 일보人寶 仁寶忍寶認寶
대한중사法語 고양시편육장
북한현 갑원도

89. 일을 할 때는 주인이 되고

대산 종사 말씀하시기를

"일을 할 때는 주인이 되고 일을 한 뒤에는 손님이 돼라. 옛 부처님도 '나는 삼계의 손님이 되리라.' 하셨나니

모든 것을 이루어놓고도 흔적 없이 흘러가는 저 물처럼 일을 했다는 상도 없이 놓아버릴 줄 알아야 참 주인이고 참 여래니라."

『대산종사법어』 공심편 36장

일을 할 때는 주인이 되고
한지수묵담채, 45×68

일들도 함을 때에는 초서이 되고 일을 한 뒤에는
손님이 되리라 이르으로 했다는 상도 없이 놓아
버릴 줄 알아야 참 주인이고 참 여래이니라

대산종사 공심 편 보라원

90. 복 지을 기회가 주렁주렁

대산 종사 말씀하시기를

"복 지을 기회가 주렁주렁 매달려 있건만 보통 사람들은 복 지을 기회를 다 놓치고 난 뒤에 후회를 하느니라.

복도 지을 때 지어야 하나니 남이 복 받는 것만 부러워하고 스스로 짓기는 싫어하니 안타까울 따름이니라."

『대산종사법어』 운심편 8장

복 지을 기회가 주렁주렁
한지수묵담채, 45×68

복지을 기회가 주렁주렁 매달려 있건만는 보통사람들은 복지을 기회를 다 놓치고 난 뒤에 후회를 하느니라

대산종사 법어 운심편 팔장 복타원

91. 이 몸은 사은의 빚이니

대산 종사 말씀하시기를

"이 몸은 사은의 빚이니 선행을 했더라도 복을 지었다 생각하지 말고 과거에 가져다 쓴 빚을 갚았다고 생각하라.

선을 행하고 그것을 복이라 생각해 상대가 몰라주면 원망이 나오기 쉽나니 빚을 갚는 마음으로 오롯이 선을 닦는 데에만 힘쓰라."

『대산종사법어』 운심편 11장

이 몸은 사은의 빚이니
한지수묵담채, 45×68

이 몸은 사은의 큰 빛이니 선행을 했더라도 복을 지었다 생각하지 말고 과거에 지어 다 쓴 빚을 갚았다고 생각하라 윤심편 십일장 복다원

92. 천하의 제일 큰 법은

대산 종사 말씀하시기를

"천하의 제일 큰 법은 모든 사람으로 하여금 자기의 마음을 잘 쓰도록 가르치는 용심법이니라."

『대산종사법어』 교훈편 3장

천하의 제일 큰 법은
한지수묵담채, 45×68

천하의 제일 큰 법은 모든 사람들로 하여금 자기의 마음을 잘 쓰도록 가르치는 용심법이니라 교훈편 삼장 복타원

93. 대각을 하고 복을 짓지 않을 수 없고

대산 종사 말씀하시기를

"대각을 하고 복을 짓지 않을 수 없고,
복을 짓지 않고 대각을 할 수 없느니라."

『대산종사법어』 교훈편 9장

대각을 하고 복을 짓지 않을 수 없고
한지수묵담채, 45×68

대각을 하고 복을 짓지 않을 수 없고 복을 짓지 않고 대각을 할 수 없느니라 대산종사법어 교훈편 구장 복락원

94. 은혜를 알아 보은하면

대산 종사 말씀하시기를
"은혜를 알아 보은하면 이 세계가 다 복전이 되고,
은혜의 내역을 모르거나 혹 안다 할지라도 배은하면 이 세계가 다 죄전으로 화하리라."

『대산종사법어』 교훈편 11장

은혜를 알아 보은하면
한지수묵담채, 45×68

은혜를 알아 보응하면 이 세계가 다 복전이 되고 은혜의 내역을 모르거나 혹 안다 할지라도 배은 하면 이 세계가 다 죄전으로 화하리라 대산종사 교훈편 십일장 복타원

95. 인류 헌장 표어

대산 종사 말씀하시기를

"'솔성은 도로써 하고 인사는 덕으로써 하자.' 함은 인류 헌장 표어요,
'도로써 세계를 밝히고 덕으로써 창생을 건지자.' 함은 성직자 표어니라."

『대산종사법어』 교훈편 18장

인류 헌장 표어
한지수묵담채, 45×68

인륜의 장표에 술성은 도로써 하고 인사는 덕으로써 하자
대산종사법어 교훈편 삼팔장 복타원

96. 거짓은 모든 죄의 뿌리가 되고

대산 종사 말씀하시기를

"거짓은 모든 죄의 뿌리가 되고 진실은 모든 복의 근원이 되느니라."

『대산종사법어』 교훈편 20장

거짓은 모든 죄의 뿌리가 되고
한지수묵담채, 45×68

거짓은 모든 죄의 뿌리가 되고 진실은 모든 복의 근원이 되느니라. 대산종사 교훈편 이십장 복타원

97. 몸은 낮게 마음은 넓게 즐거움은 함께

대산 종사 말씀하시기를

"**몸은 낮게**[平等無我], **마음은 넓게**[慈悲圓滿], **즐거움은 함께**[與人同樂] 하라."

『대산종사법어』 교훈편 68장

몸은 낮게 마음은 넓게 즐거움은 함께
한지수묵담채, 45×68

98. 세 가지 바쁜 공부

대산 종사, '**세 가지 바쁜 공부**'에 대해 말씀하시기를

"첫째, 현실 속에 존재하는 모든 것은 내 것이 아니라 마지막에 이르러서는 반드시 공空인 것을 깨달아 **마음의 애착 탐착을 떼는 공부**를 바삐 할 것이요,

둘째, 천하에 제일 귀한 이 생명이 호흡 한 번 하는 사이에 있는 줄 알아서 **무량수를 발견하여 생사 해탈 공부**를 바삐 할 것이요,

셋째, **현실의 잘되고 못 되는 것이 다 내가 지어 받는 줄 알아서 앞으로 잘 짓는 공부**를 바삐 할 것이니라."

『대산종사법어』 거래편 4장

세 가지 바쁜 공부
한지수묵담채, 45×68

세 가지 나쁜 공부 마음의 애착 탐착을 떼고 공부 무량수를 발결하여 생사해탈 하는 공부 현실의 잘되고 못되는 것이 다 내가 지어 받는 줄 알아서 있으므로 끝 짓는 공부로 비빼 할 것이니라 대산종사 법어 거래편 사장 복타원

99. 대안정大安靜 절음식節飮食 망병약忘病藥

대산 종사, '정양 5칙'에 대해 말씀하시기를
"크게 안정함이요,
음식을 절제함이요,
병과 약을 잊음이요,
보고 듣는 것을 끊음이요,
생각을 놓음이니라
[大安靜 節飮食 忘病藥 斷見聞 勿思慮]."

『대산종사법어』 소요편 3장

대안정大安靜 절음식節飮食 망병약忘病藥
한지수묵담채, 45×68

大안정절 음식 기병 약 단견
문물사려 대인종인개창오인 암타。

100. 세계평화 4대 운동

대산 종사, '세계평화 4대 운동'에 대해 말씀하시기를
"첫째, **인류 개진**皆眞 **운동**이니 우리는 각자의 마음에 거짓을 놓고 참을 회복하여 내 마음을 속이지 않고 다른 사람을 속이지 않고 하늘을 속이지 않는 참사람이 되어 참된 생활을 하자는 것이니라.
둘째, **인류 개기**皆技 **운동**이니 인류 개개인이 자력을 기르고 기술을 하나씩 가져서 내 힘으로 살자는 것이니라.
셋째, **인류 개선**皆禪 **운동**이니 어느 직업을 가졌든지 항상 대선정에 들어 무진장한 정신 자원을 계발하고 확충하고 활용하여 원적 무별한 극락을 수용하고 선경을 이루자는 것이니라.
넷째, **인류 보본**報本 **운동**이니 우리는 천지와 부모와 동포와 법률의 은혜로 나온 몸임을 깨달아 보은하며 살자는 것이니라."

『대산종사법어』 경세편 16장

세계평화 4대 운동
한지수묵담채, 45×68

책을 마치며

정산 종사 말씀하시기를 "나는 평생에 기쁜 일 두 가지가 있으니 첫째는 이 나라에 태어남이요, 둘째는 대종사를 만남이니라." 또 말씀하시기를 "모든 사람이 스승님의 은혜를 다 같이 느낄 것이나, 나는 특히 찾아 이끌어주신 한 가지 은혜를 더 입었노라."(『정산종사법어』 기연편 8장)

지금은 퇴임하여 동산수도원에서 수도 정진하고 있다. 내가 있는 이곳이 극락이요 낙원이다. 이 모든 것이 소태산 대종사님 법을 먼저 알아보고 우리 가족을 일원 가정으로 이끌어주신 채타원 김세화행(金世和行, 1893.12.9.~1977.8.29.) 외조모님이 53세에 늦깎이 출가하신 은덕이다.
외조모님은 군산교당에서 발타원 정진숙 종사님과 18년간 순교로 근무하셨고, 73세에 중앙수양원에 입원하셔서 정양하다가 83세에 열반하셨다. 나는 외조모님의 연원으로 군산교당에서 원기46년(1961)에 입교했다. 외조모님은 입교 연원일 뿐만 아니라 내가 전무출신을 할 수 있도록 이끌어주셨다. 외조모님은 신심·공심·공부심이 장하셨다.

『한 울안 한 이치에』 제1편 법문과 일화, 제7 기연 따라 주신 말씀, 7절에 정산 종사님께서 군산교당 순교 김세화행에게 하신 말씀이 나온다.
"순교가 대통령보다 낫다. 대통령은 한 나라에 국한된 일이나 우리 교단 사업은 국한 없는 세계 사업이기 때문이다."

외조모 채타원 김세화행 님의 인도로 원불교를 만나 대종사님과 역대 스승님들과 법연을 맺고, 퇴임하여 원기107년(2022) 『법문과 함께하는 禪·茶 그림 원묵화, 선화명상』 책을 발간하고 전시할 수 있었음에 기쁘고 감사하다.

이제 두 번째 시도로 『정산종사법어』와 『대산종사법어』를 바탕으로 한 『법문과 함께하는 선·다 그림 원묵화, 원화명상圓畫冥想』을 발간하였다. 그리고 2024년 9월 6일(금)부터 9월 12일(목)까지 익산 일원갤러리와 서울 소태산 갤러리에서 같은 날 동시에 전시할 계획이다.

끝으로 이 책을 발간하고 전시할 수 있도록 용기를 주시고 이끌어주신 담원 김창배 교수, 교산 이성택 교무, 문화사회부장 아타원 이명아 교무, 원불교출판사 소산 주성균 교무 외 관계자 여러분들의 노고와 협력에 감사드린다.

원기109년(2024) 8월 법인의 달
동산수도원에서
복타원 김원도 씀

축사

문화로 피워낸 꽃봉오리

복타원 김원도 교무 『원화명상』 출간을 진심으로 축하합니다.
이번에 출간하는 『원화명상』은 『정산종사법어』, 『세전』, '정산종사 십상'과 더불어 『대산종사법어』를 선화로 창작하였으니 그동안 작품 활동의 노고와 노력에 큰 박수를 보냅니다.

지금 우리가 사는 세계는 문화가 중시되는 시대입니다. 문화 발전에는 세 단계가 있습니다. 수직 문화, 수평 문화, 역수직 문화입니다. 수직 문화는 갇힌 문화·내리 문화이고, 수평 문화는 받아들이는 문화·혼합 문화이며, 역수직 문화는 다시 전통으로 돌아가는 문화입니다. 여기에서 비로소 문화의 꽃이 피지요.
우리 역사를 되돌아보면 12세기에 청자 문화로 역수직 문화를 맞이하였고, 15세기는 한글 창제와 음율 조정으로 역수직 문화, 18세기에는 판소리 다섯 마당·진경산수화로 역수직 문화를 맞이하였으며, 21세기가 다시 역수직 문화 주기에 해당합니다. 300년마다 한 번씩 문화 전성기를 맞이해 왔습니다.
지금 세계적으로 K-culture라는 단어가 뜨고 유행하고 있습니다.

지금 우리가 사는 시대는 인공지능의 시대입니다. 인공지능이 인류 역사의 흐름을 바꾼다고 합니다. '인공지능이 개벽 되니 창의 지능을 개벽하자.' 이런 개벽의 운동이 필요한 시점입니다. 창의 지능이 없는 인공지능을 우리는 개교표어에 입각하여 창의 지능을 개벽해야 합니다.

복타원 김원도 교무의 원화명상은 스승님들 사상과 이념을 그림으로 승화시키는 작업이었고, 이 작업은 역수직 문화기의 선구자이며, 창의 지능을 개벽한 실제입니다.
그래서 나는 문화로 피워낸 꽃봉오리라 봅니다. 원화 한 점 한 점이 문화로 피워낸 꽃봉오리 됨을 축하합니다. 감사합니다.

2024년 여름에
총부 무교지선당 일우에서
교산 이성택 교무 합장

축사

복타원 김원도 교무님은 원불교의 한의원, 복지관, 교당 등 교화현장에서 40여 년을 헌신하시고 퇴임 후, 화가의 삶을 살고 계십니다.

그간 개인전을 10회 이상 개최하였으며, 2021년부터 2023년 10월까지 월간 〈원광〉에 선화명상을 주제로 작품을 연재했습니다. 2022년도에는 원불교 법문『정전』과 『대종경』을 수묵담채기법으로 표현한 110점의 작품을 모은 그림집 『선화명상』을 출간한 바 있습니다. 이후에도 꾸준히 작품 활동을 이어 왔고, 올해는 『정산종사법어』와 『대산종사법어』를 바탕으로 한 원묵화 100여 점을 담은 『법문과 함께하는 선·다 그림 원묵화로 원화명상圓畫冥想』을 출간하게 되었습니다.

복타원 김원도 교무님은 『대종경』 수행품 58장의 법문에 매료되어 '마음난리를 평정하는 도원수가 되기 위해서' 직장생활을 하다가 전무출신의 삶을 선택했습니다.

퇴임 후 복타원 김원도 교무님은 마음 난리로 고생하는 이 세상을 평정하는 도원수가 되고자 또 붓을 들었습니다. 여기에서 붓은 교화현장의 목탁입니다. 목탁 소리에 일심을 다해 독경하듯, 붓끝에 일심을 다하여 스승님들의

말씀을 화폭에 담고 있습니다.

원불교의 무시선법에서는 괭이를 든 농부도, 망치를 든 장인도, 주판을 든 점원도 선禪을 할 수 있다고 했습니다. 복타원 김원도 교무님은 붓을 든 화가로 선을 하며 노년의 마음공부를 멋지게 실현하고 있습니다. 붓끝에 일심을 들이는 그 순간은 무량수의 자심 아미타불이고, 본연 청정한 자성일 것입니다.

복타원 김원도 교무님은 이제 화가로서의 삶을 원숙하게 살고 있습니다. 경전을 사경하듯이, 붓으로 원불교의 사상을 세상에 펼치고 있습니다. 그는 붓을 든 수행자입니다. 붓으로 그리는 선과 색은 불보살의 언행을 드러내는 것입니다. 작품 하나하나마다 숨겨져 있는 진실한 마음을 공부하듯이 보았으면 합니다.

거듭 복타원 김원도 교무님의 작품 활동에 경의를 표하며, 이 작품들이 사람사람의 마음에 불보살의 자비를 일깨우는 인연이 되었으면 합니다. 이로써 원불교의 문화가 더욱 발전하기를 바랍니다.

원기109년(2024) 8월에
원불교 문화사회부장 이명아 교무

축사

'물질物質이 개벽開闢되니 정신精神을 개벽開闢하자'는 원불교의 개교 정신을 나타내는 개교 표어입니다.

또한 원불교 교리 표어 중 하나인 '불법시생활佛法是生活 생활시불법生活是佛法'은 불법으로 현실 생활을 발전시키고, 현실 생활에서 진리를 깨쳐 가자는 말씀입니다. 이처럼 원불교는 일원상의 진리에 바탕하여 불법의 시대화·생활화·대중화를 추구합니다.

복타원 김원도 교무님은 원불교의 그림 수행 원화명상 원묵화 圓墨畵의 대중화에 기여하고 계십니다. 2022년 『법문과 함께하는 禪·茶 그림 원묵화, 선화명상』이란 명상집 발간과 더불어서 출간 기념전을 가진 바 있습니다. 올해 또다시 원화명상집을 출간하고 출간기념전시회를 추진하시니 진심으로 축하드립니다.

복타원 교무님은 일선에서 퇴임 후 10년이란 세월을 저에게 사사事師해 오면서 한국 전통미술 선묵화禪墨畵의 발전에도 기여하셨습니다. 또한 대한민국 미술대전 심사위원도 지내셨으며 각종 공모전 등을 통해 탄탄한 실력을 쌓으셨습니다.

그림은 수행자의 제격입니다. 그 가르침의 본뜻을 늘상 깨우치시며 수선修
禪하는 마음으로 아름다운 원불圓佛 세상에서 삶의 여백을 만들어 가고 계십
니다.
항상 저는 응원합니다. 그리고 스승으로, 평생 함께할 도반으로 성의를 다해
같이 연구하고 원묵화의 안착을 위해 노력할 것입니다.

거듭 축하드립니다.
부디 '무시선無時禪 무처선無處禪'의 법문처럼 언제 어디서든 가리지 않는 수
행을 기대합니다.

2024년 8월
문화예술학박사·교수 담원 김창배

꾸준한 정성심으로 열어가는 길, 그림은 수행

복타원 김원도 교무는 원불교의 법문에
선禪과 차茶의 정신을 함께 담아
마음공부하며 그리는 원묵화의 길을 개척하고 있다.